ちくま新書

国際貿易法入門

——WTOとFTAの共存へ

関根豪政
Sekine Takemasa

1585

国際貿易法入門——ＷＴＯとＦＴＡの共存へ【目次】

第4章　日本のＦＴＡ政策と日本が参加する協定　179

はじめに――国際貿易法の内容とその現状

本書を手にした読者の多くは、「貿易」は生活において重要だと直感的に感じているだろう。それは概ね正しい。「貿易」を行うことで、日本では入手できない物資を得られ、また、日本の製品が外国で売れることになる。自由に貿易が行われるほど、この貿易の恩恵は大きくなる。しかし、多くの国は、自国の製品が国内でより多く売れることを望むため、そこには貿易を制限するバイアスがかかる（このような自国優先の考えを保護主義という）。保護主義は、効率の悪い産業を延命させる、あるいは、外国との信頼関係を悪化させるなどの弊害をもたらす。

そこで、そのような保護主義を抑制し、公正で自由な貿易が行われることを目指すのが「国際貿易法」である。貿易に関連しうる国際条約などがそこに含まれる。なお、「国際経済法」という用語もあるが、これは、国際貿易法に加えて、国際投資法、国際金融法なども含めた、より広い法分野を指す用語である。国際経済法においても貿易問題は重要なため、国際経済法のテキストなどでも国際貿易法における論点が中心的な論題として据えられていることが多い。

「貿易」は、戦後の平和構築にも一役買ってきた。現在の「国際貿易法」における根本的な礎《いしずえ》は、戦後まもなく「関税及び貿易に関する一般協定（GATT）」に結実した。そこでは「最恵国待遇」という原則が明記され、関税など貿易に影響を与える措置は、全ての協定参加国に対して平等に適用されることが目指された。これは戦間期に各国が、貿易相手国に応じて異なる関税を差別的に適用することでブロック経済化を引き起こしたことへの反省に基づく。

その後、紆余曲折はあったものの、GATTに基礎づけられた世界貿易体制はよく機能し、それに伴い国際的な貿易ルールも整備されていった。その進歩の過程の重要な分岐点が、一九九五年の世界貿易機関（WTO）体制の発足であった。WTOでは、物品の貿易のみならず、サービス貿易、知的財産なども対象に含まれるようになり、広く国際的なルールが整備された。また、強固な紛争処理制度も構築され、国家間の貿易紛争が準司法的に解決されるようにもなった。これらにより、国際的な貿易関係が「法的に」統治される仕組みが出来上がっていった。

そのような発展を見せた国際的な貿易体制であるが、最恵国待遇に代表される無差別原則は、基幹的概念であり続けた。今でも、貿易相手国間で差別的な貿易措置が採用されれば、GATT第一条の最恵国待遇違反を主張して紛争がWTOの手続に付託される。その重要性はGATT制定から七五年を迎える現在においても色あせていない。

他方で、最恵国待遇が形骸化する流れが強まっているのも事実である。日米貿易協定、日EU経済連携協定（日EU・EPA）、環太平洋パートナーシップ（TPP）、地域的な包括的経済連携（RCEP）など様々な貿易協定が新聞やテレビのニュースを賑わせているがこれらの貿易協定は、参加国に対してのみ特恵的な待遇を認めることになるため、最恵国待遇と衝突することになる（ただし、理論的には例外として認められる）。加えて、多くの協定が多層的に締結されていることから、国際貿易関係を難解なものとする要因となっている。

それではなぜ、WTOという国際組織と、WTO協定というルールが存在するにもかかわらず、次々と貿易協定が締結されるのだろうか。

その最大の理由は、WTOそれ自体が「停滞」していることにある。ここでいう「停滞」には大きく二つの側面がある。一つ目が、WTOでのルール・メイキングの鈍化である。グローバル化やネット社会の進展、さらには第四次産業革命の到来により、国際的な貿易は急激に変化しているにもかかわらず、それを統括する国際貿易ルールの大半は一九九〇年代のものから進化しておらず、現実の進歩に対応しきれていない。この問題は本来であれば、新しい国際貿易ルールを策定すれば解決されるはずだが、目下のところ、WTOは協定を現代に即したものにアップグレードすることに失敗している。本書の第1章では、このように、WTOの「現代化」がうまくいっていない理由を、WTOの組織や意思決定過程を概観しながら探る。

二つ目の「停滞」は、WTO紛争処理制度の機能停止である。WTOの紛争処理制度は、「王冠の宝石」(crown jewel)と形容されるほど重要な機能を果たしており、WTOの最大の存在意義は紛争処理制度の存在にあると言っても過言ではない。しかしながら、二〇一六年頃から、この紛争処理制度の機能に障害が生ずるようになり、紛争処理制度のあり方をめぐって紛糾するという嘆かわしい事態が生まれてしまっているのである。WTOの紛争処理制度はどのように機能し、いかなる問題に直面しているのか。その点を第2章で論じる。

そして、WTOの弱体化は、先で述べたような自由貿易協定(FTA)などの二国間、あるいは、地域的な貿易協定の増加を招くことになった。現在は、三〇〇を超える数のFTAが効力を有している。このFTAとはどのようなものか、WTOと何が異なるのか、どのような場合にFTAとして認められるのかなど、FTAに関する論点を第3章で論じる。

第4章では、主だったFTAを取り上げて解説したい。日本が関与しているFTAでルール形成の観点から重要と思われるものとして、TPP、日EU・EPA、RCEP、日米貿易協定、日英EPAが挙げられる。これらを中心に、ときには相互に比較しつつ、その内容と意義について説明する。

以上の議論を踏まえて最後に、WTOとFTAが共存する新たな国際貿易体制の時代に突入していることを提示したい（終章）。このような時代の変化を受けて、WTOとFTAが適切な共存を図るための制度作りの重要性について論じる。

貿易は、かつては一部の企業にのみ関連すると理解されていたかもしれない。だが、グローバル化が進んだ今では、一般市民にも深く関連するようになってきている。本書が、多くの方にとって国際貿易法の仕組みを理解する一助になれば幸いである。

略語一覧

CAFTA-DR	ドミニカ共和国・中米・米国FTA
CETA	EU・カナダ包括的経済連携協定
CPTPP	環太平洋パートナーシップに関する包括的及び先進的な協定
DSB	紛争解決機関
DSU	紛争解決に係る規則及び手続に関する了解
EPA	経済連携協定
FTA	自由貿易協定
GATT	関税及び貿易に関する一般協定
NAFTA	北米自由貿易協定
RCEP	地域的な包括的経済連携（2020年11月15日に「東アジア地域包括的経済連携」から変更）
TiSA	新サービス貿易協定
TPP	環太平洋パートナーシップ
TPRM	貿易政策検討制度
TRIPS協定	知的所有権の貿易関連の側面に関する協定
TTIP	環大西洋貿易投資パートナーシップ
USMCA	米国・メキシコ・カナダ協定
WTO	世界貿易機関

第 1 章

WTOとルール・メイキングの停滞

WTO初の女性事務局長ンゴジ・オコンジョ=イウェアラ氏(ナイジェリア)

1　WTOの意義と貢献

†WTOとは何か？

まず、「国際貿易法」を学ぶときに重要となるのが、国際的な貿易関係を統括する世界貿易機関（WTO）である。同機関は、その目的を、①加盟各国の生活水準を高める、②完全雇用や、実質所得と有効需要の高水準で着実な増加の実現、そして、③物品およびサービスの生産や貿易の拡大とする。これらを実現するためにWTOは、関税その他の貿易障害を実質的に軽減する、あるいは、国際貿易関係における差別待遇の廃止を目指す。以上を一言で示せば、貿易の自由化を通じた世界経済の繁栄である。

他方で、WTOは、環境を保護することにも努めつつ、持続可能な開発の目的に従って、世界の資源を最も適当な形で利用することも目的として示している。さらに、開発途上国がその経済開発のニーズに応じた貿易量を確保することも目指されている。このように、WTOは、自由貿易を追求しながら、環境問題や開発途上国の経済的なニーズにも同時に対応することを意図した枠組みとされている。

ところで、なぜ、貿易の自由化が必要とされるのか。これは比較優位の理論に依拠する。世界には、様々な国が存在しており、それぞれが相対的であれ「強み」を持っている。そのような状況では、一つの国が自分の国で必要なもの全てを生産するよりも、他国で生産したものを輸入する方が得策と言える。例えば、相対的に技術力に優れた国は、技術力を発揮できる産品の製造に集中し、労働力を要する産品についてはそれが得意な国に任せれば、全体の生産量が増え、両国にとって利益となる。このような各国の強みは「比較優位」と呼ばれ、自由に貿易ができれば、この比較優位が活かされることになる。だからこそ、貿易の自由化が目指されるのであり、WTOはそのために組成されている。

WTO体制が発足したのは一九九五年である。それまでは、「関税及び貿易に関する一般協定」(GATT)が国際的な貿易を統括する役割を担っていた。一九八六年から開始された交渉(ウルグアイ・ラウンド交渉)を経て、国際組織であるWTOが創設され、あわせて関連する条約(協定)が多く整備された。これにより、国際的な貿易問題は主にWTOによって統括される体制が出来上がった。

GATTからWTOへと漸次的に発展した自由貿易体制の進展に対する支持は強く、それを反映するように、その加盟国数は順調に伸びていった。二〇二一年三月時点で、一六四の加盟国を数え、かつ、加盟国間の貿易が総貿易量の九八%程度にまで達していることから、文字通り世界レベルの機関となっている。二〇一二年にはロシアが加盟し、WTOに加盟していない主要経済国は見当たらない状態となっている。

このように、WTOの加盟国は増加の一途を辿っていたため、いわば成功した国際機関として認識されてきた。しかし、本書でも詳しく論ずるように、近年は組織体制が盤石とは言えなくなってきており、繁栄一辺倒の前提では理解できない状況にある。実際に、米国がWTOからの脱退を示唆していることや、すでに主要国はほぼ加盟しており、もはや新規加盟の議論の必要性が低下していることを踏まえると、むしろ脱退、あるいはそれと関連する仕組みを意識する必要があるとも言えよう。

WTOの説明を始めてすぐに脱退の議論をすることはいささか気が引けるが、これはあまり注目されることがなかったため、簡単に説明したい。脱退に関してWTOは関連規定を一つしか設けておらず、その規定も極めて簡素なものとなっている（WTO設立協定第十五条、WTO設立協定自体については後に説明する）。その脱退規定の実質的な内容は二つである。第一に、「加盟国は、この協定から脱退することができる」とされていることから、脱退を希望する加盟国は自らの意思で、他の加盟国などから許可を得ることなく一方的に脱退できる。そして、実際に脱退の効力が発生するのは、事務局長が書面での通告を受領した日から六カ月後とされる。第二に、WTOからの脱退は「この協定及び多角的貿易協定の双方に係るもの」とされるため、WTO協定の一部のみ脱退することは認められず、包括的な脱退のみが想定されている。これは、後に説明する一括受諾方式の反射的効果として当たり前ではあるが、要するにWTOに完全参加するか、完全に不参加となるかの「オール・オア・ナッシング」が原則となっている。

条文から判断する限り、WTOは脱退に対して広く柔軟性を認めているとは言い難い。相互依存の進んだ現代の国際社会においては、一つの国の行動が他国に与える影響は大きいため、一方的かつオール・オア・ナッシングの脱退のみ認めることが適切であろうか。脱退の条件やプロセスなどについて、脱退希望国と加盟国間で協議する余地を設けることを含めて、脱退のあり方について議論を行っておくべき段階にあると言えよう。

なお、二〇二〇年二月に、米国がWTOの政府調達協定から離脱する可能性が報道されたが、政府調達協定はWTO協定の複数国間貿易協定に該当し、WTO加盟国であってもその参加が任意となっている例外的な協定である。そのため、当該協定からの離脱が直ちにWTOから脱退することにはならないことを付記しておく。

ここまで脱退と直接的に関連する規定に焦点を当ててきたが、脱退問題と関連する制度としてWTOには、協定上の義務を免除する仕組みが設けられている。まずWTOは、WTO協定における特定の義務を免除する一般制度としてウェーバー制度（WTO設立協定第九条三項）を設けている。これは加盟国間の決定を通じて実現される。また、WTO協定は、義務の留保を原則として認めないが（同協定第十六条五項）、個別の協定でそれを認める余地を残しており、「貿易の技術的障害に関する協定」（TBT協定）の第十五・一条がその一例として挙げられる。しかし、これらはあくまで例外的な措置であるため、例えば、ウェーバーであれば、コンセンサス（会合に参加している全加盟国の合意）を条件とする運用がされており、また、一年以上の免除については、毎年閣僚会議の審査の対象とされている（同協定第九条四項）。これらの仕組みも、WTO脱退問題とあわせて、現状のままでよいのか注意を払う必要があるかもしれない。このような点も頭に入れつつ、以下ではWTOおよびWTOの各協定の概要について説明する。

†WTO協定の内容

「WTO協定」は、「世界貿易機関を設立するマラケシュ協定」と四の附属書から構成される。まず、「世界貿易機関を設立するマラケシュ協定」（一般的には「WTO設立協定」と呼ばれるため、本書でもこの表現を用いる）がWTOの基本原則や機構面を定めており、先で述べたWTOの目的などはこの協定に記載されている（WTO設立協定前文）。そして、WTO設立協定の四の附属書において、より詳細な貿易規律が定められている（全体構造について

図1　WTO協定の構成

世界貿易機関を設立するマラケシュ協定（WTO設立協定）

- 附属書1
  - 附属書1A 物品の貿易に関する多角的協定
    - 1994年の関税及び貿易に関する一般協定（1994年GATT）
    - 農業に関する協定（農業協定）
    - 衛生植物検疫措置の適用に関する協定（SPS協定）
    - 繊維及び繊維製品（衣類を含む。）に関する協定（繊維協定）（2004年末に終了）
    - 貿易の技術的障害に関する協定（TBT協定）
    - 貿易に関連する投資措置に関する協定（TRIMs協定）
    - 1994年の関税及び貿易に関する一般協定第6条の実施に関する協定（アンチ・ダンピング協定）
    - 1994年の関税及び貿易に関する一般協定第7条の実施に関する協定（関税評価協定）
    - 船積み前検査に関する協定（船積前検査協定）
    - 原産地規則に関する協定（原産地規則協定）
    - 輸入許可手続に関する協定（輸入許可手続協定）
    - 補助金及び相殺措置に関する協定（補助金協定）
    - セーフガードに関する協定（セーフガード協定）
    - 貿易の円滑化に関する協定（貿易円滑化協定）（2017年発効）
  - 附属書1B サービスの貿易に関する一般協定（GATS）
  - 附属書1C 知的所有権の貿易関連の側面に関する協定（TRIPS協定）
- 附属書2　紛争解決に係る規則及び手続に関する了解（DSU）
- 附属書3　貿易政策検討制度（TPRM）
- 附属書4　複数国間貿易協定
  - 民間航空機貿易に関する協定
  - 政府調達に関する協定（政府調達協定）（2014年改正）
  - 国際酪農品協定（1997年末に終了）
  - 国際牛肉協定（1997年末に終了）

出所：経済産業省通商政策局（2020）、p. 155を基に筆者作成

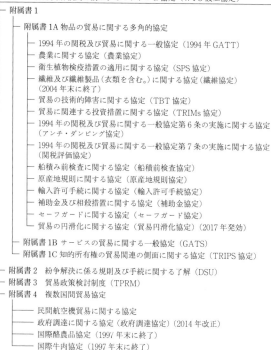

は図1参照)。

附属書一は、三種の協定から構成され、物品の貿易を統括するのが附属書一Aの各協定である。附属書一Aには一四の協定が含まれており(ただし、「繊維及び繊維製品(衣類を含む。)に関する協定」は二〇〇四年末で終了)、基幹をなすのが「関税及び貿易に関する一般協定」(GATT)である。GATTは一九四七年に作成されたもので、WTOが発足するまでは国際貿易を規律する中核的な協定として機能してきた。そしてその後、WTO設立にあわせて「千九百九十四年の関税及び貿易に関する一般協定」(一九九四年GATT)に組込まれている。附属書一Bは、サービス貿易を規律する「サービスの貿易に関する一般協定」(GATS)、附属書一Cは、貿易を円滑に行うために必要な知的財産権に関するルールを定めた「知的所有権の貿易関連の側面に関する協定」(TRIPS協定)となっている。

附属書二としては、「紛争解決に係る規則及び手続に関する了解」(DSU)が収録されている。同了解では、WTO協定をめぐって紛争が生じた際に、それを処理するための手続的規則が定められている。「貿易政策検討制度」(TPRM)が附属書三であり、附属書四としては、「民間航空機貿易に関する協定」及び「政府調達に関する協定」が現在は収録されている。

†WTOの五つの柱

WTOが果たす役割は次のような五本柱として表現できる（WTO設立協定第三条）。すなわち、①WTOルールの実施および運用、②ルール・メイキング、③紛争の解決、④加盟国の貿易政策の検討、⑤国際通貨基金（IMF）および世界銀行などとの協力である。

第一の柱であるWTOルールの実施および運用は、主にWTOの各委員会における協定の意味内容の明確化や、各国政策の協定整合性に関する議論などを通じて実現されている。一例として、衛生植物検疫措置に関する委員会（SPS委員会）の活動を取り上げよう。同委員会では、多くの加盟国の衛生植物検疫措置が「特定の貿易上の関心事項」として議論の俎上に挙げられており、それらの措置のWTOルールとの整合性などが検討されている。これが、WTOルールの理解を深めることになり、措置の協定整合的な運用に貢献している。また、それに加えて、SPS委員会には「衛生植物検疫措置の適用に関する協定」（SPS協定）の運用および実施について検討する権限が与えられており、「物品の貿易に関する理事会」（物品理事会）に協定の改正案を提出することが認められている。

第二の柱であるルール・メイキングとは、加盟国による貿易ルールの策定を意味する。WTOにおいては多くの協定が締結されているが、未だに網羅している範囲は十分とは言えず、また、新しい貿易の形態や問題が出現するたびにルールの更新や新設が必要となる。従って、現行協定のさらなる発展とあわせて、新ルールの策定のための交渉の場がＷＴＯに設けられている。このルール・メイキングのプロセスについては、本章の第3節において詳しく論じる。

第三の紛争解決は、その名が示す通り、加盟国間の紛争を解決する仕組みを表す。ＷＴＯでは裁判制度に近似した仕組みが整備されており、かつ、それが多用されているところに特徴がある。加盟国間の貿易を巡る争いがＷＴＯに付託されると「ＤＳ」から始まる事件番号が付されることになるが、ＷＴＯが開始してから二五年以上がたった現在（二〇二一年三月）、その番号は六〇〇に達する数となっている。この数字だけでもいかにＷＴＯの紛争処理制度が重宝されているかわかるであろう。

ＷＴＯの紛争処理制度は、「国際貿易法」を学ぶ上で非常に重要となる。ＷＴＯでは、二審制が採用されており、「小委員会」（通称、パネル）と呼ばれる第一審と、「上級委員会」と呼ばれる第二審（上訴審）から構成される。パネルは、紛争ごとにパネリストが選定されることになるが、上級委員会はあらかじめ選任された上級委員が任期制の下で任務を遂行する。二審制を採用しているため、慎重に審査が行われること、かつ、上訴手続においては固定された委員による一貫した判断が示されることで、ＷＴＯの紛争処理制度は説得性と安定性を確保することに成功している。そのことも多くの紛争が付託される背景にある。さらなる詳細については、本書の第2章で論じる。

第四の柱が貿易政策検討制度（TPRM）である。これは、WTO加盟国による貿易政策の共同評価制度である。すなわち、特定の加盟国の貿易政策や慣行を加盟国間で相互に検討することで、政策の透明性を向上させ、WTOの各ルールの遵守を高めることを目的とする。要するに、各加盟国の貿易政策を白日の下にさらすことで、他国からの監視圧力を強め、不適切な政策の変更を狙う仕組みである。ただし、TPRMはあくまで各加盟国の政策について議論するに留まり、特定の義務の実施や新たな政策約束を要求すること、あるいは、紛争処理手続の基礎となるようなことはない（貿易政策検討制度A(i)）。

貿易政策の検討を実施するのは貿易政策検討機関（TPRB）であり（貿易政策検討制度C(i)）、同機関は一般理事会が担う。貿易政策の検討は定期的に実施されており、世界貿易に占める割合の多い四加盟国（EU、米国、日本、中国）については二年ごと、次の一六の加盟国については四年ごとに、その他の加盟国については六年ごと（ただし、後発開発途上加盟国については間隔の延長が可能）とされる（同C(ii)）。TPRBによる検討に際しては、検討の対象となる加盟国と、WTOの事務局の双方が作成した報告書が基礎とされる（同C(v)）。日本については直近では二〇二〇年七月に実施されており、その過程では、日米貿易協定のGATT第二十四条整合性についての質問が各加盟国から提起されていることが注目される（詳しくは第4章第5節参照）。

第五の柱が、IMFおよび世界銀行などとの協力である。WTOの前身であるGATTは自由貿易の実現を目指して作成され、そして、IMFと世界銀行は国際的な通貨体制や金融制度の確立、途上国の経済開発などを目指して設立された。これらに共通する理念は、貿易や為替の自由化などを通じた世界経済の繁栄であった。よって、WTOは引き続き、これらの組織との協力関係を維持していくことを明示しているのである。もっとも、これら以外の政府間機関についてもWTOが連携する余地はあり（WTO設立協定第五条一項）、例えば、先のSPS委員会は食品規格委員会（コーデックス委員会）や国際獣疫事務局（OIE）などと密接な連絡を維持することが求められている。

2 WTOの主な規律

それでは、WTO協定における主な規律内容について見ていこう。

†関税譲許

ＧＡＴＴの正式名称である「関税及び貿易に関する一般協定」が示すように、「関税」の扱いは国際的な貿易関係における基幹的要素である。意外なことに、ＧＡＴＴには「関税」の定義はなく、一般的には、国外で生産された製品が輸入される（通関する）際に賦《ふ》課《か》される金銭的負担と理解される。ＷＴＯでは、譲許《じょうきょ》表に品目別に関税率を記載することで、関税の上限が設定されることになる。もし、譲許表に記載されている税率を超えて関税が賦課されると、基本的には、「譲許表の該当の部に定める待遇より不利」な待遇を与えたとして、ＧＡＴＴ第二条一項(a)号違反などを構成することになる。

例外的に、譲許表に記載された関税率を引き上げることが認められる場面として、譲許表の修正交渉に基づく引き上げが挙げられる（ＧＡＴＴ第二十八条）。これは譲許表に記載された関税率を利害関係国などとの交渉を経て修正するもので、その結果として修正された関税率は永続的に適用されることになる。なお、その際に、関税の引き上げを望む加盟国は、加盟国間のバランスを保つために代償の提供（他の産品の関税の引き下げ）か、利害関係国などによる他の産品の関税の引き上げを甘受しなければならない。別の例外的な場面が、特殊な状況に応じた一時的な関税の引き上げである。輸入の急増に対処するためのセーフガード措置や、ダンピングを相殺するためのアンチ・ダンピング税などが該当する。これらは貿易救済措置と総称され、後記「貿易救済制度」で説明する。

関税と、ＧＡＴＴ第三条が適用対象とする「内国税」とは類似するが、関税が国境で（通関時に）賦課されるのに対して、内国税は国内の流通段階で賦課されるという相違がある。しかし、内国税も実務上、国境で賦課する場合もあり、そうなると関税との区別がつきづらい。この点、税が徴収あるいは支払われる段階で判断するのではなく、他の加盟国の領域に入る通関段階と結びつきが強い税か、輸入された後の国内要因（販売や使用）に基づいて賦課される税かで判断されるとＷＴＯの紛争処理手続において示されている。また、内国税は、同種の国内産品と同様に賦課されているか否かも判断材料となる（第三条についての注釈）。

関税は、譲許表に記載された税率を超えて賦課しなければよく、仮に超過した税の徴収が行われれば、記載内容と異なることが明らかで違反認定も容易と思われるが、実際にはそれほど簡単でもない。関税に関連して生じうる問題の例として、関税の対象となる産品がいくつかの特性を有している場合がある。すなわち、Ａ製品としての特性と、Ｂ製品の特性の双方を含むＸ製品があった場合に、Ａ製品として関税が賦課されるのか、Ｂ製品として賦課されるのかが問題となる。ＷＴＯにはこの点についてのルールは存在しないため、「商品の名称及び分類についての統一システムに関する国際条約」（ＨＳ条約）などを手掛かりに、物品に重要な特性を与えている材料や機能、最も類似した物品などとの関係で分類していくことになる。しかし、このような関税の分類について、分類が不適切なことから譲許表記載の関税を超過している（つまりGATT第二条一項(a)号や(b)号に違反している）として、WTOの紛争処理制度で争うことは可能である。

関税についての最近の議論としては、デジタル・コンテンツに対する関税賦課の問題がある。今や音楽や映画はデータのまま国外から輸入（配信やダウンロード）すること（電子商取引）が当たり前になりつつあるが、それらについては関税がどのように賦課されるのか、ということが問題になる。この点についてWTO加盟国は、そもそも技術的に課税が難しいことや、電子商取引を発展させることを踏まえて、一定期間は関税を賦課しないという合意（関税不賦課のモラトリアム）を形成して対処してきた。つまり、一九九八年に「グローバルな電子商取引に関する閣僚宣言」が採択されてから、現在まで繰り返しモラトリアムの継続を合意してきたのである。しかし近年は、この合意を永続的なものとすることを望む加盟国と、当然のように延長することに慎重な姿勢を示す国々で見解に相違が見られるようになっており、今後の動向の不透明さが増している。この問題は、電子商取引に関するルール・メイキングにも関連するため、本章の第4節で改めて触れる。

†無差別原則

ＷＴＯにおける重要な原則の一つが「無差別原則」である。その重要性はＷＴＯ設立協定の前文にも明示されており、「国際貿易関係における差別待遇を廃止するための相互的かつ互恵的な取極」となることがＷＴＯ協定の本質として示されている。ここでいう無差別待遇は主に二つの場面で問題となる。すなわち、貿易の相手国間での関係、そして、貿易の相手国と自国の関係である。前者は「最恵国待遇」と、後者は「内国民待遇」と称される。

ＧＡＴＴでは、最恵国待遇は第一条に規定されている。当該条項は、あるＷＴＯ加盟国が他国から輸入される産品に対して与えた待遇については、同種の産品を輸入している別の加盟国にも等しく与えることを求める。例えば、Ａ国がＢ国からの産品Ｘについて関税を五％と約束するのであれば、Ｃ国からの同種の産品については一〇％、Ｄ国については一五％とすることは認められず、どの加盟国に対しても一律に賦課されることが求められる。さらにいうと、最恵国待遇は、最も有利な待遇を他の加盟国にも与えることが求められるので、Ｃ国とＤ国の産品に対して五％の関税を適用しない限り、最恵国待遇条項に整合的とはならない。ここでは関税を例に挙げたが、最恵国待遇はサービス貿易や貿易に影響を与える知的財産権政策、衛生植物検疫措置など幅広い場面で要求される。

このように貿易の相手国に対して一律の待遇を求める理由は、いくつかある。まず、特定の加盟国の産品にのみ関税を優遇すると、その加盟国からの産品の輸入が増えることになる。それが効率性に優れる産品であれば問題は少ないのかもしれないが、そうでなければ、劣悪な産品が優遇されるという非効率性を招くことになる。最恵国待遇はこのような事態の発生を防止できる。あるいは、特定の加盟国の産品に対してのみ関税を高くすると、その貿易相手国は態度を硬化させ、自国の関税を下げなくなる動機が生まれる。これでは世界的に関税を引き下げるという目的を実現することができない。さらには、最恵国待遇では、関税が同一産品については輸出国に関係なく一律になるため、貿易実務上の手間が省けるという利点もある。たしかに、最恵国待遇の下では、先の例でいうA国がB国からの製品に対して関税を引き下げた理由が、B国が先にA国からの輸出品Yに対して関税を下げたことへの報答であった場合、C国とD国は「ただ乗り（フリー・ライド）」ができてしまう。しかしWTOは、フリー・ライドを防止するメカニズムを明確には設けておらず、このことから、平等を優先することによる利益を重視していると理解できる。

しかし、最近はこの最恵国待遇原則の形骸化が指摘されている。世の中のニュースを見ると、日英EPAやTPP、RCEPといった言葉がよく目につくように、二国間や地域内で貿易協定を結ぶ例が増えている。これらは、協定を結んだ当事国にのみ有利な待遇を与えるため、最恵国待遇の原則と相容れない。なぜ、このような二国間ないし地域貿易協定が認められるかというと、ＧＡＴＴは最恵国待遇の例外として自由貿易協定（ＦＴＡ）の締結を許容しているためである。よって、最恵国待遇の例外は、一応はルールに則って実現されていることから――自由貿易協定として認められる条件に厳密に適合しているかという大きな問題はあるが（詳しくは第3章）――違法にはならないが、最恵国待遇の形骸化という先の指摘はもっともであろう。その意味では、ＷＴＯが長年維持してきた最恵国待遇の考えが揺らいでいる時代に入っているとも言える。

他方、内国民待遇はＧＡＴＴ第三条にて規定されている。最恵国待遇は貿易相手国間の平等を意図するのに対して、内国民待遇は自国と貿易相手国の間の平等待遇を意味する。つまり、輸入品を自国産品と比べて不利に扱うような場合を問題とする。ＧＡＴＴは差別の手段に応じて二つに分けて規律しており、先述した内国税の負担を外国産品に対して国産品と比べて重くするような場合は第三条二項で、国内規制を外国産品に対してのみ厳重に適用するような場合は同第三条四項で規制する。

ＧＡＴＴ第三条でしばしば争点とされてきたのが「同種の産品」の解釈である。「差別」は、同じような条件下の産品に対して異なる待遇を与えるからこそ差別を構成するのであり、ゆえに、争点とされている輸入産品と国内産品とが「同種」であることの認定が出発点となる。

同種性の判断に際して最初に考える必要があるのが、GATT第三条のどの条項が適用されるかという点である。というのも、内国税を規定する第三条二項は、実質的には単独の文章で規律する四項とは異なり、第一文が「同種の産品」間の関係、第二文が「直接的競争産品又は代替可能の産品」の間の関係について規定していると整理され、かつ、前者については輸入産品に賦課される内国税が国内産品を上回ればそれだけで違反が認定されるのに対して、後者については輸入産品に対する内国税が高く、さらに、それが国内生産に保護を与えるように課税されている場合にのみ違反とされるためである。

図２　GATT 第３条２項と４項の関係

GATT 第３条２項	第１文：同種の産品	GATT 第３条４項の「同種の産品」
	第２文：直接的競争産品又は代替可能産品	

出所：筆者作成

上級委員会（およびパネル）は、「同種の産品」についてGATT第三条二項の場合も、四項の場合も、産品の同種性を、①物理的特性、②最終用途、③消費者の嗜好、④関税分類という四つの考慮要素を検討しつつ、事案の特性や適用条文に応じてケース・バイ・ケースで判断してきた。しかし、より重要な点は、これらは国内産品と輸入産品間の競争関係を把握する基準として用いられるということである。よって、二種類の産品間の同種性を判断する場合には、それらの競争関係を捉えることを前提としつつ、前述の各要素を考慮して決定されることになる。

たしかに、これらの基準は提示されたものの、実際に産品の同種性を判断することには困難を伴うのも事実である。過去の実例では、人の健康や生命に大きな影響を与えうる物質（アスベスト）については、それを含むものと含まない産品とは、物理的特性の観点で同種ではないとする判断が示されている（EC—アスベスト事件、DS一三五）。しかし、そこまで明白に危険性がわかるわけではない産品については、どのように認定されるかは定かではない。例えば、解凍後は傷みやすい冷凍の鶏肉と、保存が相対的に長く可能な新鮮な鶏肉は同種と言えるだろうか。そのような細部はまだ完全には明らかにされてはいない。

もっとも、同種性の判断にはこのような困難がつきまとうものの、後で説明するように、GATTの差別待遇の規定に違反したとしても、その差別待遇が一定の理由に基づいて正当化される場合には、例外的な措置として許容されることになる。よって、同種性が否定されて差別待遇が認められても、争点の措置が許容される可能性が閉ざされるわけではない。なお、サービス貿易および知的財産権問題における無差別原則については後述の「サービス貿易」および「知的財産権と貿易」を参照されたい。

†数量制限

関税や無差別原則と同様に重要な規定が数量制限の禁止である。いわゆる輸入禁止や輸入制限が典型であるが、輸出の禁止や制限も含まれる。貿易の自由化を目指す上で、正当性のない数量制限は貿易阻害要因となることが明白であり、ゆえに、輸入や販売それ自体を否定することのない関税よりも悪質である。このことから、GATT第十一条一項は数量制限を原則禁止とする。この禁止される数量制限には多様な形態の措置が含まれ、条文に記載されている割当制度（一定量以上の輸入に制約をかける制度）、輸出入の許可制度の運用だけでなく、入港地の制限なども該当しうる。

他方で、正当な数量制限や特別に許容される制限も種々存在しており、具体的には、後述するような一般的例外や安全保障例外に該当する場合や、セーフガード措置として認められる場合などがある。また、GATT第十一条も二項において、いくつか例外として制限が認められる場合を規定しており、一例として、食糧などの不可欠産品の危機的な不足に対処するために一時的に課される制限（第十一条二項(a)号）が挙げられる。なお、一般的例外条項においても、供給が不足している産品の獲得のために不可欠の措置がGATTに違反することが認められる例外的な措置として示されているが（第二十条(j)号）、両条文の文言上の相違からもわかるように、一般的例外規定では「危機的な不足」である必要はないとされる（その代わりに「不可欠の措置」であることが必要で、かつ、各国が衡平な取分を受ける権利を尊重することが求められる）。

二〇二〇年に発生した新型コロナウイルス感染症のパンデミックは当初、世界各国の政府がマスクなどの個人防護具（PPE）を、自国民分の確保のために相次いで輸出規制する事態を引き起こした。これは時間とともに緩和されていくが、ピーク時には、WTO加盟国と非加盟国の双方を含めて八〇ほどの国と地域が輸出制限を行うまでに至った。大半の輸出規制はGATT第十一条一項に違反するものであるが、パンデミックという社会不安に鑑みると、それを第十一条二項(a)号や後述の第二十条、あるいは第二十一条で正当化することが必要とも言える。

しかしながら、パンデミックに伴う衝動的な輸出制限は、関連国間の関係を悪化することにつながる。一つの国が輸出を制限すれば、他国も対抗的に同じ行為をすることは容易に予想され、それが最初に輸出制限を行った国に別の必需品が届かないという、自らの首を絞める結果をもたらしうる。よって、むしろそれら輸出制限は、積極的に違反と把握されるべきとなろう。結局のところ、このような危機的状況下で必要となるのは、世界のどこで必需品が不足しており、どのようにしてそれらを調整するかという管理能力である。

新型コロナウイルスの拡大は、このような地球規模でのクライシス・マネジメントをより一層真剣に考える契機になるだろう。個人防護具への懸念が去った後にはワクチンの輸出規制がニュースになるなど、パンデミック下において資源配分は常に問題になりうることから、各輸出規制を一過性のものとはとらえず、その対処法などについて議論を深めておく必要がある。

†一般的例外と安全保障例外

あるWTO加盟国の政策が、ここまで説明してきた無差別待遇に関する規定や数量制限禁止規定に違反したと認定されたとしても、それが何らかの正当な目的を実現するための措置と見なされるのであれば、例外的に認められることになる。GATTは第二十条にて「一般的例外」を、第二十一条で「安全保障のための例外」を定めている。

一般的例外を規定するGATT第二十条は、実施が認められる措置の形態を一〇種類規定するが（(a)号から(j)号）、そのうち、これまで紛争処理制度に付託された事例で主に争点とされてきたのは、(a)号の公徳（公衆の道徳）の保護のために必要な措置、(b)号の人や動植物の生命や健康の保護のために必要な措置、(d)号の法令の遵守を確保するために必要な措置、(g)号の有限天然資源の保存に関する措置である。

(a)号の該当性が認められうる措置としては、アザラシの残酷な殺傷に消費者として関与したくないという公衆の道徳的な懸念（動物福祉の考え）に対処するためのアザラシ関連製品の販売禁止（DS四〇〇・DS四〇一）や、マネー・ロンダリングやそれに伴う犯罪的行為から公衆の道徳を保護するための関税制度（DS四六一）などがある。(b)号に該当しうる措置としては、労働者などの健康や生命を保護することを意図して採用されたアスベスト製品の販売ないし使用禁止措置（DS一三五）や、廃棄タイヤの蓄積による環境悪化から生ずる人体への悪影響を回避するための再生タイヤの輸入制限（DS三三二）などがある。(g)号については、レアアースなどの希少金属の保存に関する輸出数量制限（DS四三一・四三二・四三三）のみならず、環境問題に関連する措置が含まれる余地があり、ウミガメの保護のためのエビ製品の輸入禁止措置（DS五八）が正当化される余地があることが示されてきた。そして、(d)号はいわば、その他としての性質が強く、様々な法令の遵守を目的とした措置が該当することになる。条文にはいくつかの法令が明記されているが、それらは例示列挙に過ぎない。これまでのところ、原産地を偽るような詐欺的行為を禁止する国内法の遵守を確保するための販売方法規制（DS一六一・一六九）や、エネルギー安全保障や環境的に持続可能な成長などに対処するための法令の遵守に不可欠な国産品優遇（ローカルコンテント）政策（DS四五六）が問題となった例がある。なお、動植物の保護と有限天然資源の保存がともに環境問題と括られうることからもわかるように、ある貿易制限的な措置が複数の例外条項に該当することはありえる。

従来、GATTの特定の規定に違反した場合には、GATT第二十条で正当化しようとするのが主流であったが、近年にわかに注目を浴び始めているのが、安全保障例外条項である。この規定は簡単に言うと、有事の際や軍事的な問題が関連する状況下で貿易の制限を認める規定であるが、その高度な政治性ゆえに各国がその援用を控えてきた規定であった。それが注目を浴びることになった背景には、この規定を根拠に貿易制限的な措置を導入する国が複数出現するようになったこと、そして実際に、当該条項が紛争処理手続で援用されたことがある。

安全保障例外条項で大きな論争を呼んでいるのが、GATT第二十一条(b)号の柱書が「締約国が自国の安全保障上の重大な利益の保護のために必要であると認める」措置の導入が許容されると規定する点である（傍点は筆者追加）。この規定ぶりからは、問題の措置の目的や必要性を決定できるのは措置発動国であって、紛争が生じたとしても、パネルや上級委員会には措置の妥当性を審査できないとも言える（司法判断適合性の議論）。この点については、ロシアがウクライナからの産品の自国領土内の通過を制限したことが争点とされたロシア―通過運送事件（DS五一二）において、パネルによる判断が示されている（報告書は二〇一九年に採択)。当該紛争では、クリミア併合など二〇一四年に発生した国際情勢の緊迫化を受けて、ロシアがウクライナからの貨物が自国領土内を通過することを制限した措置が、第二十一条(b)号に具体的に示された措置の類型のうち(iii)の「戦時その他の国際関係の緊急時に執る措置」に該当するか否かが争われた。要点だけ述べると、同事件のパネルは、加盟国が決定できる範囲は(b)号の柱書に限定され、(iii)でいう「戦時その他の国際関係の緊急時」の該当性は、パネルが客観的に判断するとした。その前提で、同事件のパネルは、二〇一四年以降のロシアとウクライナをめぐる国際動向は「国際関係の緊急時」に該当し、かつ、ロシアの措置は「安全保障上の重大な利益の保護のために必要」と言えると判断している。

このようなパネルの判断方針については、おおむね従来の主な学説と整合的と考えられるが、米国にとっては受け入れ難いものと思われる。当該事件にも第三国として参加していた米国は、基本的には、措置の必要性は発動国の自己判断に委ねる立場を表明している。そのことを踏まえると今度は、米国が締結した貿易協定における安全保障例外がどのように展開されるかが注目されよう。というのも、これまで実際に米国が締結した貿易協定においては、基本的に自己判断性を重視する規定となっているためである。例えば、日米貿易協定は「締約国が……自国の安全保障上の重大な利益の保護のために必要であると認める措置」を適用することは妨げられないというGATT第二十一条(b)号の柱書に相当する規定のみを設けている（第四条(b)号）。これは、パネルが客観的に判断できるとした箇所を除外した形となっている。FTA締結数が増えれば、貿易制限的な措置をFTAにおける安全保障例外条項を根拠とすることの有効性は高まるため、FTAにおける条項の動向の重要性も高まっていくであろう。

なお、その後、GATT第二十一条と同内容のTRIPS協定における安全保障例外条項（第七十三条）が争われた事例（DS五六七）のパネル報告書が二〇二〇年六月に公表されている（本書執筆時点では未採択）。基本的には、先のロシア―通過運送事件の判断を踏襲するものと言えるが、この事件においてパネルは、サウジアラビアがカタール危機――サウジアラビアを含む近隣諸国がカタールとの外交関係を断絶した――の発生下で、カタールの企業が保有する知的財産権に対するサウジアラビア企業による権利侵害行為に刑事手続や刑事罰を適用しなかったことについて、背景に「自国の安全保障上の重大な利益」が存在していることは認めたものの、その利益の保護と何ら関係のある行為ではないとして、当該条項による正当化を否定している。

†貿易救済制度

貿易救済制度とは、貿易の自由化に伴う輸入量の増加などで、国内産業が損害を受けることになった場合に、輸入の制限を認める仕組み全般を指す。目下のところ、WTO協定において定められている貿易救済制度としては、①セーフガード措置、②アンチ・ダンピング措置、③補助金相殺措置が存在する。それぞれについてWTOは、GATTにおいて一般規定を設け、さらなる詳細を、「セーフガードに関する協定」(セーフガード協定)、「千九百九十四年の関税及び貿易に関する一般協定第六条の実施に関する協定」(アンチ・ダンピング協定またはAD協定)、「補助金及び相殺措置に関する協定」(補助金協定) において規定するという構造を有している。

セーフガード措置とは、市場を開放した結果、予想以上の輸入増加が発生した際に、国内産業をその影響から救済するために輸入を制限する措置を指す。具体的には、輸入が急増している産品に対して関税を引き上げることや、輸入量を制限することになる。

セーフガード措置の発動に際しては、主に次の四つの要件を満たすことが必要となる。まず、「事情の予見されなかった発展の結果」であることが必要とされる (GATT第十九条一項(a)号)。市場を開放すれば (関税を引き下げれば) 輸入量が増加するのは当然であり、そのような想定内の増加については対応が可能なはずである。救済が必要なのは、想定外の場合に限定される。第二が、輸入の増加である（セーフガード協定第二条一項）。これには、実際に輸入が増える絶対的増加に加えて、輸入国の国内生産量が減少して輸入品のシェアが増加する場合（相対的増加）も含まれる。第三が、国内産業が重大な損害を受けていることである（同協定第四条一項、二項(a)号）。国内産業とは、同種の産品か、直接に競合する産品の生産者の全体を主に意味する。そして第四が、輸入の増加と国内産業の重大な損害の間の因果関係である（同協定第四条二項(b)号）。国内の産業が損害を出している原因が、輸入の増加ではない場合には、当然、輸入を制限することは認められない。

セーフガード措置の特徴は、代償が求められる点にある。セーフガード協定は、発動国に特定の産品の輸入を制限することを認める代わりに、別の産品の市場を開放する（関税を引き下げる）ことを求める（セーフガード協定第八条一項）。この代償が提供されない場合には、他の加盟国は別の産品についての関税引き上げなど（リバランス措置）を採用することが可能になる（同第八条二項）。ただし、セーフガード措置が輸入の絶対量の増加に基づいて発動されたものであり、かつ、セーフガード協定に整合的である場合には、リバランス措置は三年間発動できない（同第八条三項）。

実は、このセーフガード協定に非整合的な場合に限ってリバランス措置が認められるという仕組みは、実際の運用では様々な困難を伴う。まず、輸入国がセーフガード措置とは明言せずに関税を一方的に引き上げた場合に、それがセーフガード措置であると輸出国が認定して、リバランス措置を発動してよいかという問題が生ずる。また、WTOは一般的なルールとして、他の加盟国がWTO協定に違反する措置を導入していたとしても、被害を受けている国が直ちに対抗的な措置を採用することを認めておらず、必ず紛争処理手続を利用して解決を図ることを求める(DSU第二十三条)。これらを勘案すると、輸入制限によって被害を受けた国は、リバランス措置が認められそうな場面でも、とりわけ発動国がセーフガード措置ではないと位置づけると、同措置の発動が困難となる状況が生まれやすい。これが顕在化したのが、二〇一八年に生じた米国(トランプ政権)による鉄鋼およびアルミニウムの輸入制限をめぐる各国間の紛争である。

この紛争は多くの報道がなされたため周知のものとなっているが、事の経緯は次のとおりである。まず、二〇一八年三月に米国は、特定の国からの鉄鋼およびアルミニウムの輸入が米国の安全保障を脅かすとして、米国一九六二年通商拡大法第二三二条に基づいてそれぞれ二五%と一〇%の関税を賦課することを決定した。そして実際に賦課したところ、課税対象とされた国々が、当該措置はセーフガード協定に違反する措置であるとして、続々とWTOに付託することとなった(DS五四四番事件など)。そして、それらの国々のいくつかは同時に、（国によって立場の相違はあるものの）米国の措置に対してはリバランス措置が認められるとして、同措置を発動する手段に出た。しかし、今度は米国が、それらに対して、一方的な関税引き上げであるとしてGATT第二条違反などを主張してWTOに付託することとなった（DS五五八番事件など）。本書の執筆時点では、これらの事件はパネルでの審議が続いているが、（パンデミックの影響で手続は遅延）米国がセーフガード措置と捉えていない状況でセーフガード措置該当性（およびその違反）が認められるのか、これらの問題に安全保障例外条項（GATT第二十一条）がどのように関連するのかなど、様々な論点が含まれており、最終的な結末が注目される。もっとも、カナダないしメキシコとの間の紛争について（DS五五〇など）は、米国・メキシコ・カナダ協定（USMCA）の批准に向けた動向の中で、「相互に合意された解決」が実現され、WTOに通報されている。

アンチ・ダンピング措置の代表であるアンチ・ダンピング税（AD税）とは、正常価額（基本的には、輸出国内の国内における価格）よりも低い価格で輸出されている状況（これをダンピングという）において、輸入国の国内産業の損害を軽減するために追加的に税の賦課を認める仕組みである。例えば、A国の産品が国内では一〇〇という単位の価格で、輸出先ではハ〇という単位の価格で販売されている場合に、輸出先の国（輸入国）が二五％のAD税を賦課することで、その価格を一〇〇に変更することになる。このような仕組みを通じて、ダンピングによって輸入国が実質的な損害を受ける状況を救済することができる。

ＡＤ税の運用でしばしば問題となったのが、ゼロイングというダンピングの算定方法である。一般的に、ダンピングは企業の商業活動における価格設定が基礎となるため、様々な要因により、輸出価格が正常価額より低くなる場合と高くなる場合が生まれる。そこで、ダンピングの認定に際して、輸出価格が正常価額より高い取引をどのように扱うかをめぐって争いが生じやすい。ゼロイングは、輸出価格が高くとも（先で示した数字で言えば一二〇で販売されているような場合）、正常価額（一〇〇）との差をゼロとみなす（マイナス二〇ではなく）ため、差額（ダンピング・マージン）を大きく認定することにつながる。このような手法は米国が繰り返し用いていたため、日本などはＷＴＯの紛争処理制度に付託することで、このゼロイングの手法の封じ込めを図ってきた。

このような仕組みと推移を経ているゼロイングであるが、近年は、ターゲット・ダンピングと呼ばれる手法との関係で争点とされている。ターゲット・ダンピングとは、輸出国の特定の購入者や地域など、限定的な範囲でダンピングが行われている状態を示し、取引全体で輸出価格を把握すると適切にダンピングを考慮できない状況が該当する。そして、この特定化された購入者や地域の内部でさらにゼロイングが認められるかが議論となったのである。実際の紛争では、特定の購入者などに他とは著しく異なる価格パターンが存在することが認定されれば、そのパターンのみを対象としてダンピング・マージンを算定することが許されるが、そのパターンの中でゼロイングを行うことは認められないとする上級委の判断が存在する一方で、それに否定的なパネル報告もあり、見解が割れている。

最後が、補助金相殺措置である。新聞報道などでも日常的に耳にするように、「補助金」は様々な政策目的で交付される。しかし、補助金は、交付された産品の競争力を高め、他国の事業者との競争関係を歪曲する可能性がある。貿易や他国の産業に悪影響を与える補助金を規律するのがＷＴＯの補助金協定である。

補助金協定は、信号機にならい補助金を「レッド」「イエロー」「グリーン」に分類する。「レッド補助金」に該当するのは、その色が示唆するように「禁止補助金」である。補助金協定は二種類の禁止補助金を明示する（補助金協定第三条）。一つ目が、輸出補助金であり、これは「輸出が行われることに基づいて……交付される補助金」と定義される。輸出する際に補助金を交付すれば、その輸出品は競争力が高まり、輸出先の市場を席巻することになりえる。よって、このような補助金は禁止される。二つ目が、輸入代替補助金、あるいは、ローカルコンテント補助金などと呼ばれる補助金である。これは、「輸入物品よりも国産物品を優先して使用することに基づいて……交付される補助金」と規定される。つまり、補助金を通じて国内産品の購入を促し、輸入品を市場から締め出す効果を有するものが該当する。この補助金は内外差別的なため、GATT第三条四項にも違反しうる。

反対に、「グリーン補助金」は、交付しても補助金協定上は問題視されない（紛争の対象とはなり得ない）補助金である（第八条）。これには交付対象者が特定されていない補助金と、特定されていたとしても①研究開発の援助、②地域開発援助、③施設の低環境負荷化のための援助が該当する。ただし、この第八条は五年間の暫定規定とされ、所定期間内に見直しが図られていたところ、規定の維持が合意できなかったので、現在は失効している。第八条がどのような形で維持されるべきかについては百家争鳴の状態にあると言えるものの、このような許容される補助金が定められていないことは、各国が補助金政策を取る上で不都合を招きやすいとの指摘は多い。

WTOの補助金協定上、レッドとグリーン以外の（ただし現在はグリーンがないので、レッド以外の）協定適用対象補助金は「イエロー」に分類される。これは簡潔に言えば、交付すること自体は否定されないが、他の加盟国の利益に悪影響を与える場合に、その除去が求められる補助金である。このイエロー補助金によって国内産業が損害（実質的な損害やそのおそれなど）を受けた場合、被害加盟国は、協定の各要件を満たす場合に、相殺措置を発動することが認められている。具体的な対応としては、補助金交付国からの産品に対して、その補助金額に相当する関税を上乗せすることが可能である（相殺関税）。つまり、一〇〇という単位で販売されるべき産品が、補助金により八〇となっていた場合に、二五％の相殺関税を賦課して価格を一〇〇に戻すことになる。よって、形式的には先で述べたＡＤ税と類似しており、ゆえに、相殺関税の規律はＡＤ税に関して適用されるものと多くを共有している。

†ＳＰＳ協定とＴＢＴ協定

関税が引き下げられたとしても、輸入国が恣意的に産品の基準を設定してしまえば、基準を満たさないとして輸入を制限できてしまう。典型例は、輸入品に対して高度な安全性基準を要求するような場合である。そこで、貿易に影響を及ぼす基準を統制するために制定された協定がＴＢＴ協定とＳＰＳ協定である。前者は、工業品および農産品全般の規格を問題とし、後者は主に有害動植物や飲食物に含まれる添加物などから人や動植物を保護する衛生植物検疫措置（ＳＰＳ措置）が対象となる。近年はＳＰＳ協定が話題になることが多いため、ここではこれについて説明する。

輸入国が設定した規格など（ＳＰＳ措置）が恣意的に運用されることを防止するための一つの手段としては、そのような措置が科学的根拠に依拠していることの証明が考えられる。例えば、果実を輸入する際に、特定の保存料の使用を禁止する国があるとする。当該保存料の規制の必要性（発がん性の問題）が科学的に証明されれば、輸入規制に説得性が増す。このようなことから、SPS協定はSPS措置が「科学的な原則に基づいて」採用されることを求める（第二条二項）。また、別の手段としては、国際基準に依拠することも考えられるため、SPS協定第三条一項は、SPS措置を「国際的な基準、指針又は勧告に基づいてとる」とする。もっとも、科学的根拠や国際基準は絶対ではないため、どのような場合に逸脱して、独自の基準を用いることが認められるか、そしてそれが偽装された貿易制限措置ではないことを適切に判断することは困難を伴う。

先ほどSPS協定が近年話題になったと述べたが、これは福島第一原子力発電所事故を受けた韓国の水産物輸入規制を日本がSPS協定に違反するとして訴えた事例が注目されたことによる。この事件では、韓国の制限が必要以上に貿易制限的である、あるいは、同様の条件の下にある加盟国間で不当に差別しているとしたパネルの判断を上級委員会が破棄しており、それゆえに日本が負けたという論調で報道されている。ここでは、より厳密には、韓国の措置が違反か否かの明確な結論は出されずに、パネルの判断が破棄だけされて手続が完了している事例だということを記しておく（その意味では、WTOの紛争処理手続における上訴制度のあり方が問われる事例である）。

†サービス貿易

貿易というと、多くの人が、大きな貨物船に自動車やコンテナが運び込まれて、海外へと輸出されるというイメージを思い描くであろう。たしかに、これは貿易の実際ではあるが、今は「サービス貿易」が相当に拡大しており、物品だけでなくサービスも越境的に移動する時代に突入している。外国の大学の講義をオンラインで受講する、外国に渡航して現地のホテルに泊まる、外国から来日した音楽家の演奏を聴く。これらは全て「サービス貿易」である。このような時代の変化に合わせて、WTO創設時に制定されたのが「サービスの貿易に関する一般協定」(GATS)である。

サービス貿易は、有形財産が主となる物品の貿易と異なり、無形であることが多いため、貿易の形態も自ずと物品とは異なることになる。そこで、GATSは最初に、サービス貿易の形態を四つのモードとして捉える。この四つのモードは図3で示されたとおりである。ちなみに、サービス提供が複数のモードにまたがることもある。例えば、外国に拠点を置いてサービスを提供することは第三モードに該当するが、その際に、別の国からのサービス需要者に提供すると、第二モードにも該当しうる。具体的には、外資系ホテルが、その国に観光に来た外国人観光客にホテルサービスを提供する場合である。あるいは、同様に

図３　サービス貿易の形態（４つのモード）

モード	内　容	例	イメージ図
1. 越境取引	ある加盟国の領域から他の加盟国の領域へのサービス提供 《サービスの越境》	・海外に在住する弁護士から電話で法務アドバイスを受ける ・テレホンセンターの海外へのアウトソーシング	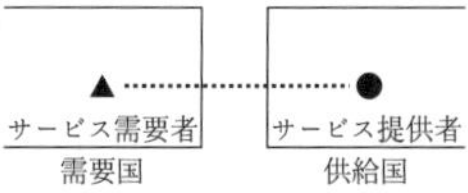
2. 国外消費	ある加盟国の領域における他の加盟国のサービス消費者へのサービス提供 《需要者の越境》	・観光客や海外出張者による現地消費（宿泊、観劇、電子機器レンタル等） ・外国で船舶・航空機などの修理を受ける	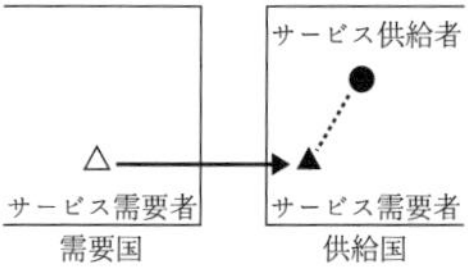
3. 商業拠点	ある加盟国のサービス提供者による、他の加盟国の領域における商業拠点を通じたサービス提供 《商業拠点の越境》	・海外支店を通じた金融サービス ・海外現地法人が提供する流通サービス	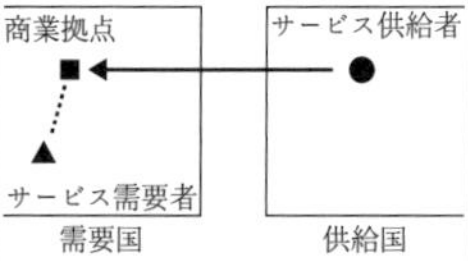
4. 人の移動	ある加盟国のサービス提供者による、他の加盟国の領域内における自然人を通じてのサービス提供 《供給者（自然人）の越境》	・外国アーティストの招へい	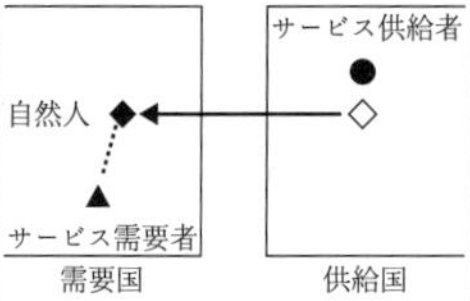

●：サービス供給者（自然人又は法人）、▲：サービス需要者（自然人又は法人）、
■：商業拠点、◆：自然人、△：移動前のサービス需要者、◇：移動前の自然人、
←：移動、…：サービス提供
出所：経済産業省通商政策局（2020）、p. 356

外国に拠点を置いてサービスを提供する企業が（第三モード）、そこからさらに別の国にサービスを提供する場合、第一モードにも該当することになる。これは、データ処理企業が外国に子会社を置き、そこから別の国の消費者にデータ処理サービスを提供する場合である。グローバル化が進むと、このようにサービスの提供形態の議論も複雑になる。

サービス貿易は物品の貿易と比べてその歴史が浅いこともあり、まだ自由化の進捗は遅い。そのため、数量制限などについては原則撤廃が求められる物品の貿易とは異なり、自由化を約束した範囲で各義務に服するポジティブ・リスト方式が採用されている。つまり、例えば自国にサービスを提供できる提供者の数の制限を行わないことを約束した場合（約束表に記載した場合）にのみ、そのような制限が禁止される。

GATSにおける内国民待遇も、約束表に記載される範囲で守ることが求められ（第十七条）、これも物品の貿易（GATT）との違いである（技術的には、輸入品と国産品が比較しやすい物品貿易と異なり、モードが細分化されるサービスは比較対象が選定しづらいという特徴もある）。他方で、最恵国待遇については、GATSにおいても、一般的義務として課されているため、約束表の内容に関係なく義務を負うことになる（第二条一項）。

その他、物品の貿易（GATT）との対比では、以下の点が重要となる。まず、一般的例外および安全保障例外についてはGATSにおいても規定されており、似た内容となっている。また、GATTでいうFTAおよび関税同盟に相当する規定も存在する（GATS第五条、これについては第3章において触れる）。最後に、サービス貿易についても紛争処理手続の対象とされており、実際にGATSが争点とされ、パネルないし上級委員会報告書が公表された事件は八件存在している。

先で述べたように、物品の貿易と比べてルールの整備が進んでいないので、GATSは引き続き交渉を継続することを要求している。具体的には、さらなる自由化のための交渉（第十九条）、サービス貿易に作用する国内規制に関するルールの交渉（第六条四項）、サービス貿易におけるセーフガード措置（第十条）、サービス補助金に関するルールの交渉（第十五条一項）などが求められている。これらの一部については本章の第4節で改めて説明する。

†知的財産権と貿易

現代社会では、知的財産の対象となるような製品、あるいは創作物や発明品も多く越境取引がなされている。しかし、それらの製作者にとって、外国での知的財産制度が整備されていないと、制作物を国際的に流通させる意欲を損なわせることになる。そこで、世界レベルで知的財産制度の整備が求められるようになり、その一環として「知的所有権の貿易関連の側面に関する協定（ＴＲＩＰＳ協定）」が制定され、ＷＴＯ協定の附属書一Ｃとして組み込まれることとなった。他の知的財産権の保護を目指す国際条約としては「工業所有権の保護に関するパリ条約」、「文学的及び美術的著作物の保護に関するベルヌ条約」、「実演家、レコード製作者及び放送機関の保護に関する国際条約」（ローマ条約）などがあり、ＴＲＩＰＳ協定はこれらの協定と相互補完的に規律を設けている。

ＴＲＩＰＳ協定もＷＴＯの他の協定と同様に、平等待遇を基礎とするため、内国民待遇（第三条）および最恵国待遇（第四条）の規定を保有する。ただし、自由貿易協定についての例外規定（ＧＡＴＴ第二十四条に相当する規定）は設けられていない。これはすなわち、ＦＴＡにおいて知的財産権関連規定が設けられた場合に、そこで締約相手国に与えられた有利な待遇は、ＦＴＡの非締約国にも及ぶことを意味する。よって、ＴＲＩＰＳ協定が対象とする分野については、ＦＴＡに関する議論は物品貿易の分野における議論とは意味合いが異なってくる。

ＴＲＩＰＳ協定は、第二部以降で各権利の保護水準について詳細な規定を設ける。しかし、加盟国はそれら協定の内容より広範な保護を与えることが認められているため（ＴＲＩＰＳ協定第一条一項）、それらの義務は最低基準とされる。具体的にＴＲＩＰＳ協定が対象とする知的財産権は七種類、すなわち、①著作権および著作隣接権、②商標権、③地理的表示、④意匠権、⑤特許権、⑥集積回路の回路配置、⑦企業秘密である（第一条二項）。以下では、TRIPS協定における著作権・著作隣接権、商標権、特許権の規律内容について簡潔に説明する。地理的表示については、日EU・EPAにおける議論として重要なため、第4章第3節にて説明する。

著作権とは、文学的あるいは美術的な著作物に認められる権利で、TRIPS協定上はコンピュータ・プログラムとデータの編集物も保護対象に含まれる（第十条）。著作隣接権は実演家、レコード製作者、放送機関に認められる権利である。著作権と著作隣接権の保護の詳細については、ベルヌ条約とローマ条約が規定するため、TRIPS協定もそれら条約の関連規定が遵守されるべきことを確認する（第九条、第十四条）。同時に、TRIPS協定はそれらの条約に追加的な規定を設けており、例えば、著作権が保護される期間はベルヌ条約においては原則、作者の生存期間プラス死後五〇年とされるが（ベルヌ条約第七条一項）、TRIPS協定は追加的に、作者の生存期間に基づいて計算されない場合（法人による著作など）には、著作物の公表年の終わりから五〇年、あるいは、公表が製作後五〇年以内に行われない場合には、製作年の終わりから五〇年と設定する（第十二条）。著作隣接権は、実演と録音においては実施された年の終わりから少なくとも五〇年、放送については放送された年の終わりから少なくとも二〇年保護されることになる（TRIPS協定第十四条五項）。

商標権についてTRIPS協定は、「ある事業に係る商品若《も》しくはサービスを他の事業に係る商品若しくはサービスから識別することができる標識又はその組合せ」を商標の対象とし、「その標識、特に単語（人名を含む。）、文字、数字、図形及び色の組合せ並びにこれらの標識の組合せ」を商標として登録することを認める（第十五条一項）。具体的には、オーディオ製品の「SONY」や宅配便の「クロネコ」などのマークが該当する。ただし、TRIPS協定上は、標識やその組合せは「商標として登録することができる」とするため、「登録しなければならない」わけではない。他方で、商標が登録されたのであれば、その権利者は、承諾を得ていない第三者が、消費者などが混同するおそれがある方法で標識を使用することを防止する排他的権利が認められている（第十六条一項）。

特許権は「新規性」、「進歩性」および「産業上の利用可能性」のある全ての技術分野の「発明」に与えられることになる（TRIPS協定第二十七条一項第一文）。そこでいう発明には「物であるか方法であるかを問わない」という追加説明がされている。これは医薬品などにおける物質特許を認めることを目的として挿入されたものである。特許権は全ての技術分野に認められ、特許を与える際に、発明地や技術分野、物が輸入されたものか否かといった要素に基づいて差別することが禁止されている（第二十七条一項第二文）。また、特許権者には特定の排他的権利が与えられ（第二十八条一項）、特許を譲渡する権利なども認められている（同条二項）。そして、特許権の保護期間は、出願日から二〇年以上とされている（第三十三条）。

近年、TRIPS協定と関連して争点となっているのが、強制的な技術移転の問題である。「強制技術移転」とは、外国事業者が自らの発明や技術を投資などの受け入れ国やその国内事業者と共有することなどを強制される状況を指す。例えば、A国のX社が、B国のY社と共同で会社をB国内で立ち上げた際に（ジョイント・ベンチャー）、X社保有の技術について、技術移転契約の満了後もY社などがその技術を利用することを認める国内法が問題とされてきた。実際に、中国の政策に対して米国とEUがWTOに提訴した事件が、それぞれDS五四二事件とDS五四九事件である。それらの紛争では、中国の政策に基づく特許権の制限が、外国事業者だけに及ぶものであることから、内国民待遇を求めるTRIPS協定第三条一項に違反する、あるいは、特許権者に与えられている排他的権利を拒絶することから同協定第二十八条の各項に違反するなどの主張が提示された。日本も中国の行為を同様に問題視しており、最終的にはそれらの紛争に第三国として参加している。

米国が中国を提訴したDS五四二事件は、中国が二〇一九年三月に紛争の対象となっている各関連法を改正したことを受けて、二〇一九年六月一二日にパネル手続が停止され、その後も停止状態が継続している。また、二〇二〇年一月に締結された米中経済・貿易協定の中では、技術移転を強制されないことを求める各種規定が設けられている。他方で、EUが中国を提訴したDS五四九事件については大きな進展はない。

最後に、二〇二〇年に発生した新型コロナウイルス感染症とTRIPS協定の関係について簡単に触れる。パンデミック下でワクチンなどの迅速な流通が求められる中で、途上国の中には、TRIPS協定内に設けられた条項だけでは状況に適切に対処できないと感じる国も現れてきた。このような懸念を受けて、インドと南アフリカが二〇二〇年一〇月に、TRIPS協定のいくつかの義務を何年間か免除（ウェーバー）とすることを提案し、後に五〇を超える加盟国が支持を示すに至った。しかし、米国や日本を含むいくつかの先進国は、感染症の対処に必要な物資へのアクセスが困難となるのは知的財産制度が原因ではないとして、当該免除に反対しており、WTOにおける議論が滞る事態に陥っている。パンデミックの状況下で、円滑に利害調整が進まないのは、嘆かわしい限りである。

†政府調達

政府調達は、WTOにおいてはやや特殊な領域で法的には発展途上なため、一般的な解説書などでは分量があまり多く割かれない。しかし、近年大きな動向が散見される領域であることから、ここで簡単に取り上げる。「政府調達」とは、加盟国の政府機関が、政府用として産品を購入する行為を示し、例えば、行政施設の電源として太陽光発電パネルを調達する行為が該当する。WTOの「政府調達に関する協定」（政府調達協定）は、この政府調達の自由化や平等待遇の実現などを目指す協定である。

政府調達協定が特殊と述べた理由は、それが「複数国間貿易協定」の形式を有しているためである。「複数国間貿易協定」とは、その参加国のみ拘束する協定であり（WTO設立協定第二条三項）、全ての加盟国を拘束する他のWTO協定（それらは「多角的貿易協定」と称される）とは性質を異にする。政府調達協定が複数国間協定の形式を有しているのは、国内の産業の育成のために政府調達で国内産業を優遇することは認められるべきとする意見が根強いことによる。

3　WTOにおけるルール・メイキングの停滞

ここまで述べてきたように、WTOにおいては多様なルールが制定され、それに基づいて国際貿易が展開されている。しかし、ルールが充実していたとしても、時代とともに経済や社会は変化し、貿易やそれに影響する各要素もまた発展する。そうであるならば、事態の変化に対応して協定内容などの改正や新規策定が必要とされる。これを反映して、WTOの役割の一つとして、国際貿易に関する新しいルールを策定することが求められていることは述べたとおりである（WTO設立協定第三条二項）。

しかし、実際にはルール交渉が新協定の採択（または協定改正）という形で結実した例は非常に少ない。新しいルールはなかなか制定されず、既存のルールのアップデートもままならない。この問題を放置するとWTOは「時代遅れ」となり、最悪の場合、その存在意義を失うことになりかねない。この節では、WTOのルール・メイキングの仕組みについて学び、現状でどのような問題に直面し、どのように解決が試みられているのかを見ていきたい。

†ルール・メイキングの「場」

現在、WTOにおける新規ルール策定の「交渉のための場」となっているのが、「ドーハ・ラウンド交渉」（「ドーハ開発アジェンダ」とも称される）である。二〇〇一年にカタールのドーハで開催された第四回閣僚会議で開始が決定され、二〇年ほど経った現在も進行中である。ドーハ・ラウンド交渉の交渉議題を示すドーハ閣僚宣言には多くの交渉項目が含まれたが、二〇〇三年のメキシコのカンクンでの第五回閣僚会議における交渉の決裂を受

表1　ドーハ・ラウンドの交渉項目と主要論点

農業	関税・国内補助金削減、輸出補助金の撤廃等
NAMA（非農産品市場アクセス）	関税削減（スイス・フォーミュラ、分野別関税撤廃）、非関税障壁の撤廃
サービス	外資規制の削減等の自由化、迅速化、その実施に伴う途上国支援
ルール	アンチ・ダンピングの規律強化、補助金の規律強化
貿易円滑化	貿易手続きの簡略化、迅速化、その実施に伴う途上国支援
開発	途上国に対する特別な取扱い（S&D）
TRIPS（知的所有権）	ワイン・スピリッツの地理的表示（GI）他国間通報登録制度
貿易と環境	環境関連の物品、サービスに係る貿易の自由化・円滑化

出所：経済産業省（2020）、p. 363

けて、シンガポール・イシューと呼ばれた交渉分野のうち「投資」「競争」「政府調達の透明性」が外されることになり（二〇〇四年の一般理事会にて）、主な論点は表1に記載されている八つのテーマとされている。

†ルール・メイキングに携わる組織

ＷＴＯのルール・メイキングの状況を具体的に見る前に、その過程に携わる組織について簡潔に説明しよう。

ＷＴＯにおいて最高意思決定機関とされるのが閣僚会議であり、「多角的貿易協定に関するすべての事項について決定を行う権限を有する」（ＷＴＯ設立協定第四条一項）。会議は基本的に二年に一度開催され、全ての加盟国の代表が参加する。ドーハ・ラウンド交渉の成果は、原則、閣僚会議にて採択および実施を決定するとされている。

もう一つの重要な機関が、一般理事会である。一般理事会は、閣僚会議が開催されるまでの間、閣僚会議の任務を代行することになる（WTO設立協定第四条二項）。よって、交渉の成果は一般理事会での採択を通じて、実現される可能性もある。実際に、後述する「貿易の円滑化に関する協定」（貿易円滑化協定）をWTO協定に追加する改正議定書は、一般理事会特別会合において採択されている。

そして、各種ルールに関する交渉の細部を担うのが一般理事会の下部機関である各理事会または委員会（それらの特別会合）であり、ドーハ閣僚宣言（第四六段落）に基づいて創設された貿易交渉委員会および交渉グループなどである。

✝ドーハ・ラウンド交渉の成果

さて、前述したように、WTOのドーハ・ラウンド交渉は、その開始から二〇年ほど経っているが、残念ながら、交渉の成果は芳しくない。表1に記載した八つのテーマのうち、新しいルールの制定につながった（つまり協定が締結された）のは、「情報技術協定（ITA）」の拡大や、貿易円滑化協定の妥結などに限定される。

情報技術協定（ＩＴＡ）とは、コンピュータや計算機などのＩＴ製品の関税撤廃などを内容とする協定で、一九九六年に合意され、二九のＷＴＯ加盟国が参加してスタートしていた。一九九七年の発効後、しばらくは大きな動きは見られなかったが、ＩＴ技術の進歩を受けて、ＩＴＡの対象商品の拡大が主張されるようになり、二〇一二年から対象品目の拡大交渉が進められることとなった。元来、ＩＴＡ拡大交渉は、ＮＡＭＡ（非農産品市場アクセス）に含まれるテーマであったが、分離させて、ドーハ・ラウンド交渉の埒外で進める形がとられた。最終的に、二〇一五年に開催された第一〇回閣僚会議（ケニア・ナイロビ）において交渉が妥結され、二〇二〇年二月の時点で、拡大ＩＴＡには五五の（ＩＴＡには八二の）メンバーが参加している（ＥＵ加盟国および英国はＥＵとしてカウント）。

貿易円滑化協定は、税関手続をはじめとする貿易に関連する手続を透明化、簡素化、迅速化することを目的として制定された。もともと関連する規定はＧＡＴＴに存在していたが（ＧＡＴＴ第五条など）、それをさらに拡充することを意図したものである。ドーハ・ラウンド開始当初は、交渉議題に含めることに消極的な途上国もあったが（貿易円滑化は物議を醸したシンガポール・イシューの一つであった）、二〇〇四年に交渉が開始されることが正式決定し、二〇一三年の第九回閣僚会議（インドネシア・バリ）でバリ・パッケージの一部として合意、二〇一四年一一月に一般理事会で協定が採択されるに至っている（二〇一七年二月に発効)。そして現在は、WTO設立協定の附属書一Aの末尾に追加されている。

ドーハ・ラウンド交渉の八つのテーマ外の交渉でも多少の成果が見られており、その例として、政府調達協定の改正が挙げられる。同協定は、前節で述べたように「複数国間貿易協定」として一九九六年一月に発効していたが、その後間もない時期に改正交渉が開始され、二〇一二年三月には改定議定書の採択、二〇一四年四月の発効を実現している。二〇二一年三月の時点で、二一のメンバーが参加(EUおよびEU加盟二七ヵ国はEUとしてカウント)している。なお、二〇二〇年末のスイスの改正協定の受諾により、二〇二一年一月以降、旧協定の全ての締約国が改正協定の締約国となっている。

このように、いくつかの成果は見られるものの、二〇年という年月からすると、これらのみというのはいかにも寂しい。なぜ、そのようなことになってしまっているのか。その原因を次で論じる。

†ルール・メイキングの停滞要因①——意思決定方法

もちろん、交渉が成果を得られていないのには幾多の理由が考えられるが、ここではWTOの制度論と関連する次の二点を指摘したい。第一が、WTOの意思決定がコンセンサス方式を前提としている点である(WTO設立協定第九条一項)。コンセンサスは、「決定を行う時にその会合に出席しているいずれの加盟国もその決定案に正式に反対しない場合に」成立する（同協定第九条一項注一）。つまり、加盟国全ての賛同が必要ということだが、ここでいうコンセンサスは会合に出席している加盟国の承認であるため、全加盟国の承諾が必要な全会一致とは異なる。とはいえ、出席している全加盟国の合意を得ることは容易ではなく、これがＷＴＯとして特定の決定を行う際の障壁となっている。

もっとも、注意しなければならないのは、ＷＴＯはルール上、多くの場面で投票方式も認めている点である。コンセンサスを原則とするＷＴＯ設立協定第九条一項でさえ、コンセンサスを構築できない場合には投票による決定（過半数で決定）とされている。そのように、ＷＴＯのルール上は、投票方式が認められているにもかかわらず、コンセンサス方式が堅持されるのは、ＧＡＴＴ期の名残りである。ＧＡＴＴ期に採用されていた「決定、手続及び慣行を指針とする」（ＷＴＯ設立協定第十六条一項）考えが堅持されているのである。

たしかに、コンセンサス方式は合意を形成しづらくなる要因となるが、他方で、ひとたび合意が形成されると、それに対する各国の納得感が高いため、合意内容が遵守されやすいという利点もある。このことなどから、コンセンサスの維持には強い支持が存在しており、コンセンサスの解除を求める立場と並立している。今後もその状況は継続すると思われ、ＷＴＯにおける意思決定方法は長く課題として残るであろう。

†ルール・メイキングの停滞要因②――一括受諾方式

第二が、「一括受諾（single undertaking）」と呼ばれる採択方式である。WTO発足につながったウルグアイ・ラウンド交渉で合意を実現できた大きな理由の一つは、この一括受諾方式の採用にあった。この方式は、「すべてが合意されるまで何も合意されない」と説明されるように、複数の協定を一括で採択するものであり、各協定の枠を超えた利害関係の調整を可能とする。例えば、農業分野で優れるA国と、農業分野では国際競争力に劣る（ゆえに保護主義的な政策を採用している）が、知的財産分野に強みを持つB国がいるとする。農業分野での協定のみの交渉であれば、B国は常に市場開放を迫られることになり、協定がB国としては受け入れられないものとなってしまう恐れがある。しかし、仮に知的財産分野の交渉も同時並行で行われれば、B国としては農業分野での譲歩を、知的財産分野の交渉で埋め合わせることが可能となる。このように、複数の分野の交渉を同時に進め、かつ、同時に採択することを約束することで、単独の協定の交渉では実現できない合意の実現可能性が高まる。

しかしながら、ウルグアイ・ラウンド交渉では協定妥結に結びついた一括受諾方式は、ドーハ・ラウンド交渉ではうまく機能していない。なぜであろうか。それは、途上国の多くが、ウルグアイ・ラウンド交渉における一括受諾は、自らに不利な条件を甘受させられる事態を招いたと感じているためである。特に、先進国にとって関心の高かった知的財産分野では、途上国の多くは自国内の法制度の改革に迫られ、大きな負担を強いられることとなった。よって、途上国はその後も、一括受諾方式の下では、包括合意の中で自国にとって不利な内容を受容せざるをえないのではないかと交渉に慎重になっているのである。

また、一括受諾方式には、合意が形成できるものについても採択できないという欠点もある。一つでもボトルネックになる交渉テーマがあると、他の合意できている分野も保留となるため、一括受諾方式は、交渉の停滞感を一層強くする。

実際に、ドーハ・ラウンド交渉においても、一括受諾方式の限界が顕在化してきたことを受けて、WTO加盟国は、二〇一一年に方針転換を図っている。同年に開催された第八回閣僚会議(スイス・ジュネーブ)では、一括受諾方式の貫徹よりも、合意が実現できそうな領域については優先的に交渉を進めるという姿勢が示されている。そして、それ以降は、再び交渉に進展がみられるようになり、先で述べた貿易円滑化協定やITA拡大交渉が採択されるようになっている。もっとも、「合意しやすいところから合意する」部分合意の方式は、困難な問題は先送りすることでもあり、長期的な観点からの功罪はまだ判断できない段階にある。

†WTO協定の改正手続

ここまでルール・メイキングについて論じてきたが、ここでルールが作成された場合に、どのような手続を経てWTO協定が改正されるのかについて説明する。

WTO協定の改正の手続は設立協定第十条に定められている。同条項によると、原則として、加盟国ないし各理事会が閣僚会議に改正案を提出することによって協定の改正手続は開始される。そして、閣僚会議におけるコンセンサス方式での決定を基礎に、改正案が受諾のために加盟国に送付されることになる。条文上は、閣僚会議による決定と記載されているが、一般理事会が受諾のための送付を決定することもありえる。また、いくつかの協定の改正には特別な手続が用意されており、例えばDSUやTPRMの改正は、閣僚会議でのコンセンサス方式に基づく改正承認決定により実現され、加盟国による受諾は不要とされる（WTO設立協定第十条八項）。

ルール改正とはやや性質が異なるが、WTOは有権的解釈に関する規定を設けている。これは第2章の議論とも関連するので、ここであわせて説明しよう。WTO設立協定第九条二項によると、「閣僚会議及び一般理事会は、この協定及び多角的貿易協定の解釈を採択する排他的権限を有する」。そして、実際に有権的な解釈を採択するためには、「加盟国の四分の三以上の多数による議決で行う」ことになる。この有権的解釈を通じて既存の協定の意味内容が明確化されることは、新しい協定の締結を不要とすることにつながる可能性はある。これが、有権的解釈条項が改正に関するルールとあわせて議論される理由である。ただし、この規定には限界があり、「改正に関する〔第十条〕の規定を害するように用いてはならない」とくぎが刺されている。

†ドーハ・ラウンド交渉の現状

さて、WTOでのルール・メイキングの停滞の様子は分かったと思うが、現状はどのようになっているのだろうか。先で述べたように、一括受諾方式が緩和された二〇一一年以降は、交渉に柔軟性が与えられたので、いったん落ち込んだWTOでのルール形成の進展に期待が持てるようになった時期と評価できる。二〇一一年以降のしばらくは、貿易円滑化協定の妥結やITAの拡大が実現された時期であり、それ以外にも一定程度の合意が形成されるような時期でもあった（表2参照）。

しかし、二〇一五年あたりからはやや評価が難しい時期に入る。それは例えば、二〇一五年の第一〇回閣僚会議（ケニア・ナイロビ）に現れる。同会議は一方では、ITA拡大交渉の妥結や、農業分野や綿花に関する合意を含むナイロビ・パッケージが実現できた意義

表2　2012年から2015年におけるWTO関連の事象

2012年3月	政府調達協定改正議定書の採択
2013年6月	新サービス貿易協定（TiSA）の本格交渉合意
2013年12月	第9回閣僚会議（バリ・パッケージ）
2014年7月	環境物品交渉開始
2014年11月	貿易円滑化協定のWTO協定挿入の決定
2015年12月	第10回閣僚会議（ナイロビ・パッケージ）
2015年12月	ITA拡大交渉妥結

出所：筆者作成

あるものであった。しかし他方で、合意が結実したテーマ以外については、今後も交渉を継続するかについての合意を形成することができなかった。実際、採択された閣僚宣言においては、ドーハ・ラウンド交渉の完遂を求める加盟国と、新しいアプローチを求める加盟国がいると「両論併記」する形になっている。もっとも、この点は、従来の交渉にとらわれない新しい交渉内容と方法への移行を可能にさせるとして肯定的に捉えられるものでもあり、事実、電子商取引の交渉などがその後に開始されている（本章第4節参照）。とはいえ、その次の閣僚会議である二〇一七年の第一一回閣僚会議（アルゼンチン・ブエノスアイレス）では、再び加盟国間の対立構造が顕著になり、ついに閣僚宣言が採択されない事態にまで悪化した（同会議のめぼしい成果としては「貿易と女性の経済的能力強化に関する共同宣言」の発表がある）。次の閣僚会議は二〇二〇年六月（カザフスタン・ヌルスルタン）が予定されていたが、新型コロナウイルス感染症の影響で延期されている（後に二〇二一年一一月のスイス・ジュネーブ開催が決定）。

4 WTOにおけるルール・メイキングの未来——有志国アプローチの増加

前節では、WTOにおけるルール・メイキングが停滞していること、そしてその原因についてて触れてきたが、それでは、今後もWTOでのルール・メイキングは期待できないのであろうか。現状を見る限りでは、新規のルールを策定する試みは継続されるであろうが、古典的な、加盟国全体での交渉という方式は減り（ただし、ドーハ・ラウンド交渉が廃止されていないので、消滅もしない）、一部の加盟国が参加する「有志国による交渉」アプローチが拡大していくというのが、今後しばらくの動向と予想されよう。

†「有志国による交渉」アプローチ

これまでのところ、「有志国による交渉」アプローチの成功例はITAおよびその拡大交渉である。先述のとおり、現時点で、ITAには八二のメンバーが、拡大ITAには五五のメンバーが参加している。

「有志国による交渉」アプローチと一口に言っても、目指す到達点によって、その実態は変わってくることになり、大きく三つのアプローチが想定される。一つ目は、有志国間で交渉を開始するが、最終的には全ての加盟国を拘束する「多角的貿易協定」（WTO協定第二条二項、「マルチ」とも称される）を制定する方式である。これまで、この過程を経て実現した協定は存在しないが、制定された協定が全ての加盟国を拘束することになるため、理想的な到達点と言えよう。二つ目が、交渉に参加した国にのみ権利や義務が及び、協定不参加国には何ら影響は生じない協定の交渉である。かかる協定は、WTO協定でいう複数国間貿易協定を意味し（WTO設立協定第二条三項）、政府調達協定がこれに該当する。そして三つ目はこの二つの中間的な協定で、協定に参加するのは有志国に限定されるが、協定内容の利害が非参加国にも及ぶような協定の制定である。例えば、協定参加者がある製品の関税の引き下げを約束した場合に、その恩恵を協定に参加していない国にも波及させることを認める協定がそれに当たる。要するに、非参加国のただ乗りをある程度は認める方式である。二番目と三番目の協定は「プルリ」とも称されるが、三番目のタイプの協定については、約束内容がWTO全加盟国に及ぶ点に着目して「最恵国待遇クラブ」とも表現される。先で述べた、ITAおよび拡大ITAはこのタイプに属する。

また、「交渉の場」についてもいくつかのバリエーションが存在する。すなわち、最初からWTOの場で交渉を進めるのか、最初はWTOの枠外で交渉を進め、それをWTOに還元させるかである。後者の具体例としては、新サービス貿易協定（TiSA）が該当する。また、二〇一七年以降に進められている日米欧の三極貿易大臣会合においても、新しいテーマに関する交渉を有志国間で推進することが示唆されている。これらの中からも、WTO枠外で交渉を進めて、WTOに還元するアプローチを採用するものが出てくる可能性がある。

目下のところ、有志国ベースで交渉が進められてきた、あるいは、今後進められていくと考えられる分野としては、サービス貿易、環境物品、電子商取引、投資円滑化、中小企業が挙げられる。

最初に有志国間で交渉が開始されたのが、サービス貿易における自由化交渉であった。その後、環境物品協定の制定のための交渉が開始されている。また、二〇一七年の第一一回閣僚会議においては、電子商取引、投資円滑化、サービスの国内規制、そして中小企業の四つの分野で、有志国間交渉に向けた共同声明が合意され、実際に交渉が進められるようになっている（共同声明イニシアティブ）。以下では、それぞれの概略について説明する。なお、漁業補助金は有志国による交渉ではないが、ドーハ・ラウンド交渉下で交渉が動いている分野であるため、あわせて取り上げる。

†サービス貿易――TiSAと国内規制

サービス貿易はGATSの制定により初めて国際的な規律に服することになったが、その内容は依然として不完全であり、GATSの制定当初から、さらなる交渉を通じて自由化の進展やルールの拡充を確保する必要性が認識されていた。例えば、GATS第十九条はサービス貿易の一層の自由化のための交渉の開始を求めていた。そのような規定を受けて実際に加盟国は、WTO発足後の間もない頃から各テーマの交渉を開始し、さらには、ドーハ・ラウンド交渉の一括受諾方式の対象にサービス貿易を含めたものの、その後は交渉がなかなか進まない状況に陥ってしまった。そのような中、先述した二〇一一年の一括受諾方式の緩和を受けて、サービス交渉についても、米国の主導で有志国による交渉を進める機運が高まることになる。これが新サービス貿易協定（TiSA）交渉と呼ばれるものである。同協定交渉は、二〇一二年初めの予備的議論を経て、翌年六月には、二二の有志国による交渉の本格開始が発表されるに至っている。しかし、二〇一六年以降、交渉は中断してしまっており、協定として実を結んではいない。もっとも、このTiSAのうち電子商取引分野については、次で論じる電子商取引の有志国会合がそれを継承している。

また、サービス貿易に関しては、国内規制についての交渉も有志国間で進められている。

これは、二〇一七年の第一一回閣僚会議（アルゼンチン・ブエノスアイレス）において採択された四つの共同声明（共同声明イニシアティブ）の中の一つである。GATS第六条四項から派生する交渉であり、サービスの提供に必要な免許要件（例：銀行業務を行うための免許）、資格要件（例：中小企業の診断を行う上で必要となる個人的な資格）、そして技術上の基準（例：耐震基準など提供されるサービスに関連する技術的な基準）が不必要な貿易障壁となることを回避するためのルールを扱うことになる（例は外務省の連載企画「なぜ、今、WTO改革なのか」より）。もともとはドーハ・ラウンド交渉のテーマの一部として交渉が進められていたが、やはり交渉が停滞していた。それを、有志国間で改めて進める形となっている。現在は、二〇一七年の閣僚会議時は五九であった参加国が、二〇二〇年一二月の段階で六三にまで増えており、同月一八日には交渉用条文案が参加国間で回付されている。

†環境物品協定

環境物品協定（EGA）の対象となる「環境物品」とは、環境や気候の保護に寄与する産品を示し、太陽光パネルや風力発電設備などのクリーン・エネルギー技術関連産品などが該当する。そして、それら環境物品の貿易を活性化させるために、関連産品の関税を撤廃ないし低減させることがEGAの狙いである。近年のWTOにおけるEGAの交渉に先行して、アジア太平洋経済協力（ＡＰＥＣ）において、五四品目についての関税削減の合意が実現されており（二〇一二年九月）、その拡充を目指してＷＴＯにおいて交渉が行われてきた。ＷＴＯの枠内では、二〇一四年七月に交渉が開始（四三のメンバーが交渉に参加、ＥＵを単一とカウントすると一五）されて以降、継続的に交渉が進められてきた。しかしながら、関税削減の対象となる産品のリストに含まれる産品をめぐって、交渉参加国間で意見がまとまらず（例えば、自転車を含めるか否かで欧米と中国が対立）、二〇一六年一二月の合意形成の失敗以降、その後の交渉スケジュールが確定されない状態となっている。ＷＴＯとＡＰＥＣにおける議論に連動性が生まれたという意味では興味深い例であるが、ＷＴＯにおける協定実現までには達していない。

†電子商取引交渉

「電子商取引」は現状で最も新規ルールの交渉が成功しそうな分野の一つと言える。元来、電子商取引の分野は、ＷＴＯが始動した初期から、次世代の貿易のためにルール策定が必要と認識されていた。具体的には、一九九八年の第二回閣僚会議の閣僚宣言を受けて電子商取引に関する作業計画が策定され、さらに二〇〇一年以降は主に電子商取引特別会合において検討が重ねられていた。しかしながら、実際にはめぼしい成果を得られず、議論も停滞しがちであったため、二〇一七年の第一一回閣僚会議において、日本、豪州、シンガポールの主導で、有志国間でWTOにおけるルール制定交渉の開始を目指すこととなった。その際に七一の加盟国の連名で発出された共同声明は、先で述べた四つの共同声明イニシアティブの一つを構成する。

二〇一八年三月に議論が開始されたこの有志国の協議は、二〇一九年一月の七六カ国による共同声明での「WTOにおける交渉を開始する意思を確認する」という宣言で結実することになる。そして、それを受けWTOにおいて事実上交渉が開始されることになり、二〇二〇年一二月時点で八六の加盟国が参加している。また、これらの動きと同時に、二〇一九年六月のG20大阪サミットにおいて、「大阪トラック」と称された、電子商取引に関する国際ルールを作成するプロセスの開始が示され、その一部として「二〇二〇年六月の第一二回WTO閣僚会議までの交渉において、実質的な進捗を達成するために更に努力すること」が決意表明されている（デジタル経済に関する大阪宣言）。つまり、WTOにおける電子商取引交渉が大阪トラックの重要な要素として位置づけられることで、大阪トラックとWTO交渉が融合することになったのである。

このように、電子商取引については近年、急速に議論が進んでいる。新型コロナウイルス感染症の影響は電子商取引交渉の進捗に例外なく及んだものの、二〇二〇年一二月には各国の提案が統合された条文案（本書執筆時点では非公開）の作成が実現している。

この交渉が成功すれば、国際社会の今後にとって非常に重要な新規ルールが策定されることになる。とはいえ、この電子商取引についても、協定妥結に向けていくつかの課題が見られる。第一が、有志国によるルール策定であるため、それをWTO協定の一部として組み込むことが可能か、あるいは組み込む場合にはどのような形式をとるのかという課題である。目下のところ、有志国間で交渉が進められている以上、それを直ちに全WTO加盟国が拘束される「多角的貿易協定」（WTO設立協定第二条二項）として採択するコンセンサスを形成することは難しい。交渉に参加していない国も受容できる最低限の規律のみを定める協定とすることや、加盟国の経済状況などに応じて義務を差異化する方式も考えられなくはないが、いずれにしても、交渉に参加していない加盟国が（将来的にであっても）自己に影響の及ぶ協定の採択に容易に同意するとは考えづらい。多角的貿易協定とするためには全ての加盟国が交渉に参加することが望ましく、そうであるならば（ほぼ）全ての加盟国が交渉のテーブルにつくことを待たなければならない。

そこで考えられるのが、政府調達協定のように、参加国のみ拘束する「複数国間貿易協定」を目指すことであろう（複数国貿易間協定の説明については、本章第2節の「政府調達」を参照）。しかし、有志国のみで参加する複数国間貿易協定でさえ、策定されたルールがWT

O協定の一部として組み込まれるためには加盟国のコンセンサスが必要とされることは注意を要する（WTO設立協定第十条九項）。もし、現時点で有志国グループに参加していないインドや南アフリカが反対することがあれば、WTO協定の一部として組み込むことは難しくなる（実際に両国は二〇二一年二月に複数国間貿易協定のWTOへの追加がコンセンサスを基礎とすることを強調する文書を公表している）。複数国間貿易協定であれば協定非参加国には規律が適用されないので、反対する理由がないようにも思われるが、それでも予断は許されない。例えば、現在のWTOではデジタル・コンテンツの電子的送信について関税を賦課しないこと（モラトリアム）を時限的に合意しているが（本章第2節参照）、それを恒久化することにインドや南アフリカは反対している。そのような状況下で、関税不賦課を恒久化するような内容が協定に含まれることになれば、仮に協定の効果がインドなどに及ばないとしても、それらの国が協定に対して後ろ向きの姿勢を示す要因となるであろう。要するに、単純に「有志国間の協定である」と言い切れないのである。なお、電子的送信に対する関税不賦課の恒久化に否定的で、有志国間交渉にも参加していなかったインドネシアが、二〇一九年一一月に、恒久化に反対の意思を示しながら有志国間交渉に参加している。

第二の課題が、そもそも実際のルール形成を実現できるかが楽観視できない点である。電子商取引に適用されるルールの内容をめぐる加盟国間での意見の相違は微小とは言えない。とりわけ、電子商取引については、デジタル貿易の自由化を積極的に進めようとする先進国と、それに消極的な中国との間に大きな相違が見られるが、米欧間にも見解の相違が見られる。EUは個人情報保護などに、より力点を置く姿勢を示しているのである。米欧間に電子商取引に対する立場の相違が生ずる理由はいくつか考えられるものの、そのうちの一つが、欧州にはいわゆるデジタル企業に分類できる企業が少ないという点は興味深いところである。各国の意向の相違を踏まえると、すくなくともWTO電子商取引の交渉は「前途多難」と評価される。もっとも、先述したように統合条文案が作成される段階にまで辿り着いているため、ある程度の合意が形成されつつあるのも事実である。また、RCEPの電子商取引に関する規律に見られるように（後述）、中国も規律の拡大を受け入れる姿勢を見せるようになっている。いずれにせよ、統合条文案は公式公表されていないため、この点についての結論は現段階では下しづらいが、漸進しているのは事実である。

第三に、これはルール形成の一部ではあるが、紛争処理手続をどのように設定するのかという問題がある。これまで電子商取引を含めてきたFTAにおいては、電子商取引の章については FTAの紛争処理手続の適用対象外とする例が、少なからず散見される（表3参照）。特に、中国が締結したFTAでは紛争処理手続の適用対象外とする傾向が強く、第4章で論じるRCEPにおいても電子取引章は（今後の変更の余地はあるが）通常の紛争処

表3　FTAにおける電子商取引章に対する紛争処理手続の適用の可否の例

紛争処理手続の適用の可否	協定の例
通常適用	－日本・豪州EPA －TPP/CPTPP※ －USMCA
電子商取引の章の一部のみが適用	－タイ・豪州FTA第1109条 －タイ・ニュージーランドCEPA第10.8条
電子商取引の章の全体が不適用	－マレーシア・豪州FTA第20.3条 －ASEAN・豪州・ニュージーランドFTA第10章第10条 －ニュージーランド・台湾経済協力協定第9章第6条 －中国・韓国FTA第13.9条 －豪州・中国FTA第12.11条 －RCEP第12.17条

※マレーシアおよびベトナムについては、特定の義務については発効後2年間は紛争解決の対象とはされない（TPP第14.18条）
出所：筆者作成

理手続の対象外とされている。これらを踏まえると、ＷＴＯにおける議論も、典型的な紛争処理手続の対象とされない可能性がある。

なお、電子商取引交渉はＷＴＯの交渉の一環として説明してきたが、ここまでの記述からもわかるように、電子商取引についてはＦＴＡにおけるルール形成が進んでおり（本書第4章も参照）、そこでの展開が極めて重要な役割を果たしている。ＦＴＡにおけるルール形成で実績を得ること（つまり、ルール形成の実験の成功）は、ＷＴＯにおける交渉での説得性を増すことになる。その意味では、最終的にＷＴＯでの協定の成立に至れば、電子商取引はＦＴＡと

WTOの相互が連動することで多数国間協定を実現した例としても注目されうる。

†投資円滑化

投資円滑化協定は、越境的な投資を促進するために透明で効率的、かつ予見性のある環境を構築することを目的として制定が試みられている協定である。二〇一七年の第一一回閣僚会議にて七〇の有志国グループが示した共同声明を契機に、交渉が動き出している。ただし、米国が交渉グループに参加しておらず、また、投資円滑化をWTOにおける交渉議題に含めることについてインドや南アフリカなどが反対の立場を示してきた。

このように交渉に否定的な姿勢も見られるものの、非公式会合から始まった交渉は進展しており、二〇一九年七月には、ルールの原型となる作業文書が公表されている。そこでは、無差別原則の堅持、投資関連措置の透明性や予見性の向上、行政手続などの簡素化および迅速化、協力体制の整備、途上国への特別かつ異なる待遇などに関する規定案が提示されている。その後、二〇二〇年四月には非公式統合条文案が作成され、さらに同年九月には公式な交渉が開始されている。あわせて参加国も漸増しており、二〇二〇年一二月の時点で一〇六にまで増えている。

†中小企業

中小企業についての交渉は二〇一七年の共同声明（八七のメンバーが参加）以降、非公式作業グループにおいて議論が進められている。二〇二〇年一二月の時点で、九一のメンバーが参加している。もっとも、この非公式協議は特定の協定の策定を目指しているのではなく、既存の枠組においてより中小企業について考慮することを求めるものである。具体的には、中小企業による情報や貿易金融へのアクセスの改善などが議論されている。

†漁業補助金

ここで、有志国による交渉ではないが、WTOで交渉が進められているテーマとして漁業補助金を取り上げる。漁業補助金とは、その名が示す通り、漁業に対して拠出される補助金を示し、当該補助金が過剰漁獲を招いていることから、その規制のために協定制定が急がれている。漁業補助金問題はドーハ・ラウンド開始時から議題として取り上げられていたが、交渉が活発化した契機は二〇一五年九月に採択された国連の「持続可能な開発目標」（SDGs）であった。同目標の十四・六では、二〇二〇年までに、過剰漁獲能力や過剰漁獲につながる漁業補助金の禁止や、違法・無報告・無規制漁業（IUU漁業）につながる補助金の撤廃が謳われており、それが同じく二〇一五年に開催されたWTO第一〇回閣僚会議での交渉再活性化要求へとつながった。その後、多岐にわたる論点で各国の主張が対立し、二〇一七年の第一一回閣僚会議で合意を形成することができない、あるいは、新型コロナウイルス感染症の影響もあり交渉スケジュールが遅れる事態に見舞われたものの、交渉継続の意欲は示され続け、二〇二〇年六月には統合条文案の作成にまでこぎつけている。そしてその後は、それに沿って交渉が進められている。

†WTOにおけるルール・メイキングの現状と今後

以上、議論してきたことを簡単にまとめよう。WTOでは、二〇一一年に一括受諾方式の緩和が表明されたことを一つの契機として、有志国でのルール交渉が徐々に増加してきている。目下のところ、サービスの国内規制、電子商取引、投資円滑化、中小企業の分野で交渉が継続しているのに対して、TiSAと環境物品協定の交渉については中断した状態にある。また、漁業補助金については、全加盟国による交渉が進められている。

このようにみていくと、一般的には、WTOにおけるルール・メイキング交渉は進展していると評価できる。しかし他方で、それらが妥結するかはまだ不透明な状態にある。また、交渉が進展している分野が「合意できそうなテーマ」であれば、「合意が難しいテーマ」はどうなるのかという懸念もある。これらを勘案すると、WTOのルール・メイキングは有効に機能している(復活した)と断定することもまた難しい。

もちろん、国際社会において、一貫性があり、かつ、説得力のある貿易関連ルールを作ることは重要であるため、今後も継続的にWTOにおいてルール形成のための知恵を出していくことが必要ということは論を俟たない。その一方で、認識すべきが、FTAなどWTO外の枠組みにおいてもルール形成が進んでいることである。現在、WTOで交渉が進められているテーマの多くはFTAにおいても取り上げられており、そこで一定の実績を残すことは、WTOにおけるルール交渉で有益な題材を提供する。その意味では、今後の国際的なルール作りにおいては、FTAとWTOの双方が相互に作用することを前提に考える必要がある。言い換えると、FTAでのルール形成においても、将来的にWTOと連動することを意識しながら行うことが必要なことを意味する(単なる当事国間の利益交換を超える)。このことを踏まえつつ、本書の第3章と第4章ではFTAに焦点を当てて論じる。なお、その話に入る前に本書は、第2章において、ルール・メイキングの停滞と同様に大きなWTOの課題となっている、紛争処理制度の危機について取り上げる。

第 2 章

WTO紛争処理制度とその危機

空席状況が続くWTO上級委員会

1　WTO紛争処理制度とはなにか？

†紛争処理手続の存在意義

　世界各国の政府には、常に、自国産業保護の圧力がかかるため、WTOの場で市場の開放を約束したとしても、その約束を破る、あるいは、何らかの手段で約束の効果を減じようとする動機が働きやすい。そのため、輸出拡大を目指す国と自国産業の保護を図る国との間で紛争が生ずることは多々ある。もちろん、そのような貿易紛争は当事国間の協議を通じて解決されることも多いが、第三者が介入することでスムーズに解決されることもある。よって、WTOにおいても、第三者による適正な判断を実現するべく、強固な紛争処理手段が設けられている。

　WTOの紛争処理手続は典型的には、①協議、②パネル手続、③上級委員会（以下、上級委）手続の過程を経て解決が図られる。そして、それらを通じて発出される勧告および裁定が履行されない場合には、④履行を確保する手続を通じて解決していくことが目指される。本章ではこれらの過程を中心に解説する。しかし、WTOでは、それ以外にも紛争処理のための手段が用意されている。具体的には、あっせん、調停、仲介（DSU第五条）、仲裁（同第二十五条）の手続が設けられている。最後の仲裁については、本章第5節で論じる上級委をめぐる問題で重要な意味を持つので、そこで改めて詳細に論じる。

第1章で述べたように、これまで六〇〇件に迫る数の紛争がWTOの手続に付託されており、このことからも同制度は信頼が高く成功していると言えよう。ただし、本章のタイトルにも示したように、WTOの紛争処理制度は困難な時代に入っており、その点についても以下で論じたい。なお、本章では条文番号のみが記されている場合には、WTOにおける紛争処理制度を規律する「紛争解決に係る規則及び手続に関する了解（DSU）」における条文番号を意味する。

†紛争処理に関連する組織

WTOの紛争処理手続の流れを概観する前に、理解を円滑にするため、手続に関連する組織を説明しておこう。まず、紛争処理全般を統括する組織として、紛争解決機関（DSB）と呼ばれる組織が存在する。この組織は、実は一般理事会（第1章第3節参照）が紛争処理に関する業務を遂行する際の名称のため、実質的には構成が等しい（ただし、別の議長を選べる）。つまり、全ての加盟国の代表から構成される。そしてDSU第二条一項によると、DSBは、DSUに定める規則や手続、その他のWTO協定に定められている紛争処理に関する規定を運用することを役割とする。具体的に記載されている任務としては、パネルの設置、パネルおよび上級委の報告書の採択、DSB裁定や勧告の実施の継続的な監視、譲許その他の義務の停止（対抗措置）の承認の権限がある。ただし、これらは例示列挙とされるため、DSBにはあらゆる手続事項を検討する権限が与えられていると言える。

DSBについては、その意思決定においてコンセンサス方式が採用されている点に気を付ける必要がある（DSU第二条四項）。第1章のルール・メイキングの議論でも述べたように、コンセンサス方式の下では、会合に参加している全加盟国の合意が求められるという制約が存在するため、やはり意思決定が進まないという問題が発生することになる。もっとも、議論が決裂すればルールが制定されないだけのルール・メイキングの議論とは異なり、紛争処理に関連する諸問題（特に手続的な問題）は、実際の紛争手続の中で発生すると、その場で解決せざるを得ない（さもないと紛争が解決しない）という状況に直面しやすい。

例えば、パネルや上級委の手続中に非政府組織が意見書を提出することが認められるかという問題（アミカス・ブリーフ問題）がその一例である。DSUにはアミカス・ブリーフの扱いについて明確な規則が存在しないため、実際に意見書が提出された際に、パネルや上級委が自己の判断で対処する必要が発生したのである。この点について、上級委はアミカス・ブリーフの受領を認める判断を下してきたが、EC―アスベスト事件において、一定のルールの下でそれらを受領する追加的手続を採択したところ、これに対して加盟国の多くが否定的な態度を示し、この問題を議論するための特別会合（ただしDSB会合ではなく一般理事会会合として）が開催されるという事態を招いた。しかし、同会合では、上級委によるアミカス・ブリーフの受領の是非と方法についてコンセンサスを形成できなかったため、明確な結論が出されていない。このような状況を受けて現在は、パネルや上級委は基本的にはアミカス・ブリーフを受領しつつも、事案を判断する上でそれらに依拠する必要はないという見解を示すのが一般的な傾向となっている。

この例に代表されるように、政治的な機関では対立状態が続いて結論が出ないような難しい問題について、その解決を、実際の紛争を通じて対処しているパネルおよび上級委に依拠することになってしまうというのが、DSBにおけるコンセンサスをめぐる議論の帰結となっている。なお、このようなパネルや上級委による対処は「司法による法創造」などと呼ばれたりもする。

続いて、パネル（小委員会）について説明する。パネルはWTOの紛争処理手続において第一審の役割を果たす。パネリストは紛争ごとに、三名選定される（合意で五名とすることも可能）ことになる。紛争ごとの任命であるため、同一のパネリストが連続して多数の紛争を処理する事態は発生しづらく、ここに後で説明する上級委との相違が存在する。二〇二一年三月時点で二七九人がパネリスト経験者（完了済みパネル手続が対象）であり、一人のパネリストが扱った案件の最大件数は一四件となっている。このような制度ゆえに、構造上は、パネルの判断は一貫性が確保されづらい形式となっている（特に上級委と比べると）。

上級委は七名から構成され、四年をその任期とする。再任は一回のみ認められるため、最大八年まで職務を遂行することができる。固定された委員が事案を審議することになるため、その判断に一貫性が保たれやすくなる。また、パネルと合わせて二段階の審議となるため、より精査された判断が示されやすい。パネルと上級委は、前者は事実審としての役割を果たすのに対して、後者はパネルの判断についての「法的な問題」のみを審議するという関係にある。

国際的な紛争処理制度において上訴制度を採用する例は珍しいため、上級委が創設された経緯について簡単に触れたい。WTO設立前のGATT期においては、紛争処理手続は一審制を採用していた、すなわち、パネル手続で完結していた。加えて、パネル報告書は、加盟国のコンセンサス方式によって採択されることが必要とされていた。しかし、同方式の下では、敗訴した当事国が、報告書の採択を拒絶してしまえば報告書が採択されないという制度的な不安定さがつきまとっていた。そこで、WTOでは、パネル報告書の採択は

ＤＳＢにおけるネガティブ・コンセンサス方式を採用することとした。ネガティブ・コンセンサスとは、会合に出席する全ての加盟国が正式に否定しない限り決定が採択される方式を示す。要するに、パネル報告書の採択がほぼ自動化されたことになる。先では、ＤＳＢは原則コンセンサス方式に基づいて決定すると述べたが、ここが重要な例外の一つである（その他でネガティブ・コンセンサス方式が採用されているのは、パネルの設置、上級委報告書の採択、そして対抗措置の承認時である）。

このように、ＷＴＯではパネル報告書の採択がブロックされるという懸念が緩和されることになったが、今度は別の問題が浮かび上がってきた。それは、パネルの報告書がほぼ自動的に採択されることで、パネルの「劣悪な判断」も採択されてしまうという危惧である。そこで、その問題に対処するために二審制が取り入れられることになり、上級委が創設されることとなった。このような経緯からもわかるように、上級委の導入は、他の交渉要素が決定したウルグアイ・ラウンド交渉の最終段階で実現されたのである。その結果、この上級委の内実はＤＳＵ第十七条という一つの条文で大半が統括されることになり、この立法的不十分性が後に上級委をめぐる争いを引き起こす一因となっていくこととなる。この経緯については、改めて本章の第３節以降で説明しよう。

†紛争処理制度の性質論

ＷＴＯの紛争処理制度については、その性質論をめぐって様々な議論が展開されている。ここでは、後で論ずる上級委の意義を考える上で重要となる、「裁判志向主義」と「和解志向主義」の議論について述べる。「裁判志向主義」とは、ＷＴＯの紛争処理手続をより司法化させて、裁判手続に近づけることを目指し、法治志向を強めることを意味する。裁判手続に近似することで、当事国間での交渉を通じた解決は難しくなるが、双方の力関係の格差による不都合な解決を回避することができる。他方で、「和解志向主義」は紛争の解決を目指すもので、当事国の意思が優先され、ルールの厳格適用に固執しない。別の表現として、外交的解決志向と言っても良い。

ＷＴＯの紛争処理制度が運用され始めた当初は、一般的に、米国は「裁判志向主義」を、ＥＵは「和解志向主義」を支持していたと整理される。これは、国内の裁判制度が発達している米国と、加盟国との権限配分で司法化に慎重にならざるを得ないＥＵという背景からは直感的にも納得ゆくものである。しかし、後の本章第5節で論ずる上級委をめぐる争いでは、上級委の一層の司法化を抑制したい米国と、裁判制度として強固なものとすることを厭わないＥＵという構図に逆転するようになっている。その背後には、実際の紛争処理手続の利用状況やそれにより受けている影響、国内や域内の事情の変化など様々な要因があることが考えられるが、このような逆転現象が発生していることは興味深い事象である（日本は和解志向主義に近い立場を継続的に支持していると思われる）。

このような議論があるなかで、実際のＷＴＯの紛争処理制度は「裁判志向主義」と「和解志向主義」のハイブリッド型（両方の性質を有する）となっている。現実の運用をみると、裁判所にかなり近似した手続で進められているため、裁判志向的性質が強いと言える。しかし他方で、ＤＳＵを見ると、「紛争解決制度の目的は、紛争に関する明確な解決を確保することである」、あるいは、「紛争当事国にとって相互に受け入れることが可能であり、かつ、対象協定に適合する解決は、明らかに優先されるべきである」といった記述が見られることから（いずれも第三条七項）、「和解志向主義」の性質も十分に残している。

よって、現行のＷＴＯ紛争処理制度は、両方の性質を有するが、どちらの性質に比重を置くかによって、制度の捉え方が変わってくるのも事実である。また、先で米国とＥＵの立場が入れ替わっているように思われると述べたように、運用実績の集積を通じて、どちらを重視するかの立場が変化することもある。このような「裁判志向主義」と「和解志向主義」の間での揺れ動きが、ＷＴＯの紛争処理制度を巡る議論の根底には存在しているのである。

2 パネル手続

†協議開始からパネル設置まで

それでは、WTOの紛争処理手続では、具体的にどのような流れで紛争の解決が図られていくのか見ていきたい。まず、紛争は、中立国が被申立国に対して協議を要請することで開始され（第四条）、協議要請国はその理由や法的根拠をDSBなどに通報することになる（それによりDS○○という番号が付与されることになる）。協議の要請を行うことができるのはWTO加盟国に限定されており、民間企業などが手続を開始することは認められていない。

WTOの紛争処理手続はこの協議から開始されることに特徴がある（協議前置主義）。協議の期間は基本的に六〇日間とされるが、当事国間の合意により協議を早期に終了してパネル設置要請に移行することが認められる（第四条七項）。紛争はこの協議段階で解決されることも多く、WTOも、交渉での解決を望ましいものと位置づけている（第三条七項）。ゆえに、パネルが設置された後でも、交渉による解決は否定されない（第十一条）。

協議が不調に終わると、第三者による判断を仰ぐプロセスに移行する。最初がパネルによる審議で、パネルの設置はDSB会合で決定される。パネルの設置の決定は、ネガティブ・コンセンサス方式による（第六条一項）。同方式の下では、パネルの設置（およびその結果の報告書の採択）がブロックされることはほとんどないため、パネルには実質的な強制的管轄権が存在すると評価されている。

なお、申立国および被申立国は一カ国である必要はない。DSUにおいては、同一の措置に対して複数の申立国がある場合については明文規定が存在しており、そのような申立ては可能な場合には一つのパネルで検討されることになる（第九条一項）。反対に、複数の被申立国に関する明文規定は存在しないが、そのような申立ても可能とされており、これまでのところ、EUとその加盟国を対象としたものが主な例となっている。

†パネルによる検討

パネルが設置されると、パネリストの選定の段階へと移行する。その選定方法は次の通りである。基本的に、WTO事務局は事前に作成した候補者名簿から候補者を選び（名簿外からの選定も可）、紛争当事国に提案することになる。事務局から提案を受けた当事国は、「やむを得ない理由」がなければ、それを受け入れることになる（第八条六項）。パネリストは三名とされることが慣行であるが、五名とすることも認められている（第八条五項）。パネルが設置されてから二〇日以内にパネリストについて合意できない場合には、紛争当事国の一方からの要請に応じて、WTO事務局長が、各関係者との協議を経て、自らが最も適当と認める委員を一〇日以内に任命することになる（第八条七項）。このように、事務局がパネリストの選定を主導するのは、パネリストの選定で紛争当事国が揉めることで手続が停止してしまうことを防止するためである。なお、紛争当事国および第三国として参加している加盟国の国民はパネリストを務めることはできない（第八条三項）。また、紛争が開発途上国と先進国との間で生じている場合には、要請に応じて、最低一名は途上国出身者がパネリストとして選ばれることになる（第八条十項）。

パネルによる検討は、通常は、二回の会合（口頭審理）、中間報告書の確認を経て、最終報告書が作成される。一般的には、一回目の会合に向けて最初の意見書、二回目の会合に向けて反論の意見書が提出され、それらについて各会合で議論されることになる（附属書三第四、第五、第七段落）。会合終了後にパネルは報告書案を作成し、最初に、その中の事実と陳述に関する説明部分を、その後に、説明部分とパネルの認定や結論から構成される中間報告書を紛争当事国に送付する。これらの段階において、紛争当事国には意見の提出やパネルへの再検討要請が認められている（第十五条一項および二項）。中間段階においては、制度を円滑に運用するために議論は秘密とされており、過去には、とあるNGOが中間報告をリークしたことに対して、パネルが強く批判した例もある。

パネルは、争点とされている措置のWTO協定非整合性を認定した場合には、その措置を協定に整合的なものとするよう勧告を行う(報告書の結論部に記載される)。その際、被申立国に対して勧告を実施するための方法を提案することも認められている(第十九条一項)。もっとも、提案がなされることは稀であり、行われた場合も、違反措置の撤回を提案することが多い。

パネルの最終報告書は、パネリストおよび付託事項が決定されてから原則六カ月以内に紛争当事国に送付される(第十二条八項)。そして、紛争当事国が上級委への申立ての意思を通報しない場合には、DSB会合での報告書の採択へと移行する。すでに述べたように、ネガティブ・コンセンサス方式が採用されるため(第十六条四項)、全ての加盟国が否定しない限り最終報告書は採択される。なお、このパネル報告書が採択される会合において、紛争当事国のみならず、全ての加盟国は報告書に対して見解を表明することが認められており、この制度が加盟国と紛争処理に関与する機関との間の相互理解を図る機会になるとして最近は注目を浴びるようになっている。

パネルの会合は非公開が原則とされるが(附属書三第二段落)、当事国の要請により公開することができる。実際に、二〇二〇年末までの時点で、二〇件の手続においてパネルの会合が公開されてきた。パネルの会合の公開はDSUには明記されていないが、パネルは、第十二条一項が附属書三から逸脱する余地を示していることを受けて、パネルの裁量として手続の公開を認めてきた。

紛争当事国でない加盟国は、第三国として手続に参加することができる（第十条）。DSUは第三国に対して、パネルに意見書を提出することと、パネルと当事国との間の第一回会合の特別セッションに出席し立場を表明することを認める（同条二項、附属書三第六段落）。また、第一回会合における紛争当事国の意見書も受領できる（第十条三項）。第三国の利害関係はパネル手続において「十分に考慮」され（第十条一項）、第三国の意見書もパネル報告書に「反映される」（同条二項）。なお、案件によっては、第三国にはDSUで規定されている権利を超えた拡大的な第三国権利が認められることがあり、多くは、第二回会合への出席を認め、かつ、その際に提出されている意見書などの写しを受領することを認める形で実現されている。

パネルには、手続中に外部の個人または団体に情報や技術的な助言の提供を求める権限が与えられている（第十三条）。過去にこの手続が利用されたのは、主に科学者による助言が必要とされるような事例であったが――例えば、貿易制限措置の根拠となっている成長ホルモンを使用した牛肉の人体への影響やその研究状況に関連する情報の提供――規定上は助言を求める対象に制限は付されていないため、パネルは適当と考える人や組織であれば広く助言を求めることが認められている。

3 上級委員会

パネルの判断に不服のある紛争当事国は、上級委に申立てることが認められている。この二審制の成功が、WTO紛争処理手続が多くの信頼を受けてきた背景にあろう。その一方で、二〇一六年以降、この上級委を巡って争いが生じており、二〇一九年一二月一一日以降に上訴された案件については上級委が判断できない状況に陥っている。本節では、上級委の詳細について解説し、上級委に関する争いについては第5節にて説明する。

†上級委の構成

繰り返しになるが、上訴段階では、事例ごとに選定されるパネリストが判断を行うパネル手続と異なり、固定された委員によって判断が行われるため、その判断に一貫性を保ちやすいという利点がある。七名の上級委員はWTOの加盟国を広く代表することが求められており（第十七条三項）、それを受けて実際には、米国から一名、欧州から一名、日韓から一名、残りはその他の地域で、全体の半数ほどは途上国からの選任という構成となることが多かった。

一つの事件を扱う委員は三名――これはディビジョンと呼ばれ、その三名はローテーションで選出される――とされるが、上級委は伝統的に合議制を基本理念としてきた。つまり、自らが担当しない紛争についても、担当委員と意見を交換し、常に、上級委全体として意見を共有することが図られてきた。個別意見の採用も否定されていないが（その場合には、匿名で行うことになる、第十七条十一項）、このような体制ゆえに、最近の事例を除いて個別意見が示されることはさほど多くなかった。なお、上級委の活動に要する費用は、基本的にＷＴＯの予算から支弁される（第十七条八項）。

†上級委の任務

上級委は法律審としての任務にあたる。つまり、上級委の検討対象は、パネル報告書において対象とされた「法的な問題」や、パネルが行った「法的解釈」に限定されることになる（第十七条六項）。上級委は、パネルの法的な認定や結論を支持、修正、または取り消すことができるが（第十七条十三項）、差戻しの制度は設けられていない。

もっとも、事実問題であれば上級委が一切検討しないというわけではなく、ＥＣ―ホルモン牛肉事件（ＤＳ二六・四八）において上級委は、「特定の条約規定の要件に特定の事実や一連の事実が整合的であるか否かというのは法的な性格付けの問題である。それは法的な問題である。ＤＳＵ第十一条で求められる事実の客観的な評価をパネルが行ったか否かの判断もまた法的な問題であり、……上級委による検討の範疇に収まる」という判断を示してきた。

ＤＳＵにおける上級委の任務や手続については第十七条に限定されるが、その他の詳細は「検討手続」において定められている。検討手続は上級委によって、ＤＳＢ議長およびＷＴＯ事務局長と協議の上、作成される（第十七条九項）。この検討手続に規定されている事項の例としては第十五規則が有名であり、そこでは、上級委員が特定の上訴案件を担当している間に任期が満了した場合であっても、上級委の承認とＤＳＢへの通報を経た上で、当該案件については完了まで審議を行うことが認められる点が記載されている。

†上級委手続の進行

上級委の手続は、紛争当事国が上級委への申立ての意思をＤＳＢに通報することで開始される。上級委は、上訴の意思が通報されてから六〇日以内に判断を下す（報告書を送付する）ことが原則とされるが、最大で九〇日まで延長することができる。その場合、報告書の送付までに要する期間の見込みと、遅延の理由をＤＳＢに通報することが必要とされる（第十七条五項）。

上級委における検討もパネルと同様に、口頭審理の過程を経るが、パネルの場合と異なり、上級委は短期間に判断を示さなければならないため、口頭審理（会合）は一回のみとされることが通例である。しかし、論点が多岐にわたる事案においては、二つのセッションに分けて行われることもある。

上級委手続においても第三国の参加は認められている（第十七条四項）。ＤＳＵ上に詳細は規定されていないが、検討手続を通じて広範な権利が認められている。例えば、第三国には、口頭による陳述を行う意思を最初に通報していなくとも、上級委の許可に基づいて、口頭審理でそれを行うことが認められている（検討手続第二十七規則三項(c)号）。

上級委による検討は秘密とされる（第十七条十項）。しかし、実際の実務においては、紛争当事国の要請に基づいて口頭審理が公開されることがある。一見すると協定に反しているように思われるが、上級委は、第十八条二項において、紛争当事国が自国の立場を公開することを認めていることを受けて、紛争当事国の双方が賛同する場合には口頭審理も公開できるという立場をとってきた。

上級委が、争点とされている措置のWTO協定非整合性を認定した場合には、その措置を協定に整合的なものとするよう勧告を行うのはパネルと同様である。そして、被申立国に対して勧告を実施するための方法を提案することも認められている（第十九条一項）。もっとも、上級委が実施方法の提案を行うことはより稀である。

最終的に、上級委の判断（報告書）は、DSBにおいて採択されることになる（第十七条十四項）。ここでもネガティブ・コンセンサス方式が採用されるため、ほぼ確実に上級委の報告書は採択されることになる。なお、上級委にまで手続が進むと、パネルと上級委の報告書は同時に採択されることになる。そして、それら報告書の採択時には、やはり加盟国には「見解を表明する」機会が与えられており、その際、紛争当事国に加えて、第三国参加した国や手続に参加していない加盟国でも判断に対して意見を述べることができる。

†上級委の利用状況と課題の表面化

WTO加盟国による上級委の利用頻度は非常に高く、最初に上級委の報告書が公表された一九九六年から二〇二〇年までの間で、上訴率は約七〇％にのぼっている。上級委の報告書は二〇二〇年末で一四八件公表されており、これは年平均約六件の報告書が公表されるペースに相当する。

図4　上級委報告書公表数と検討に要した日数の推移

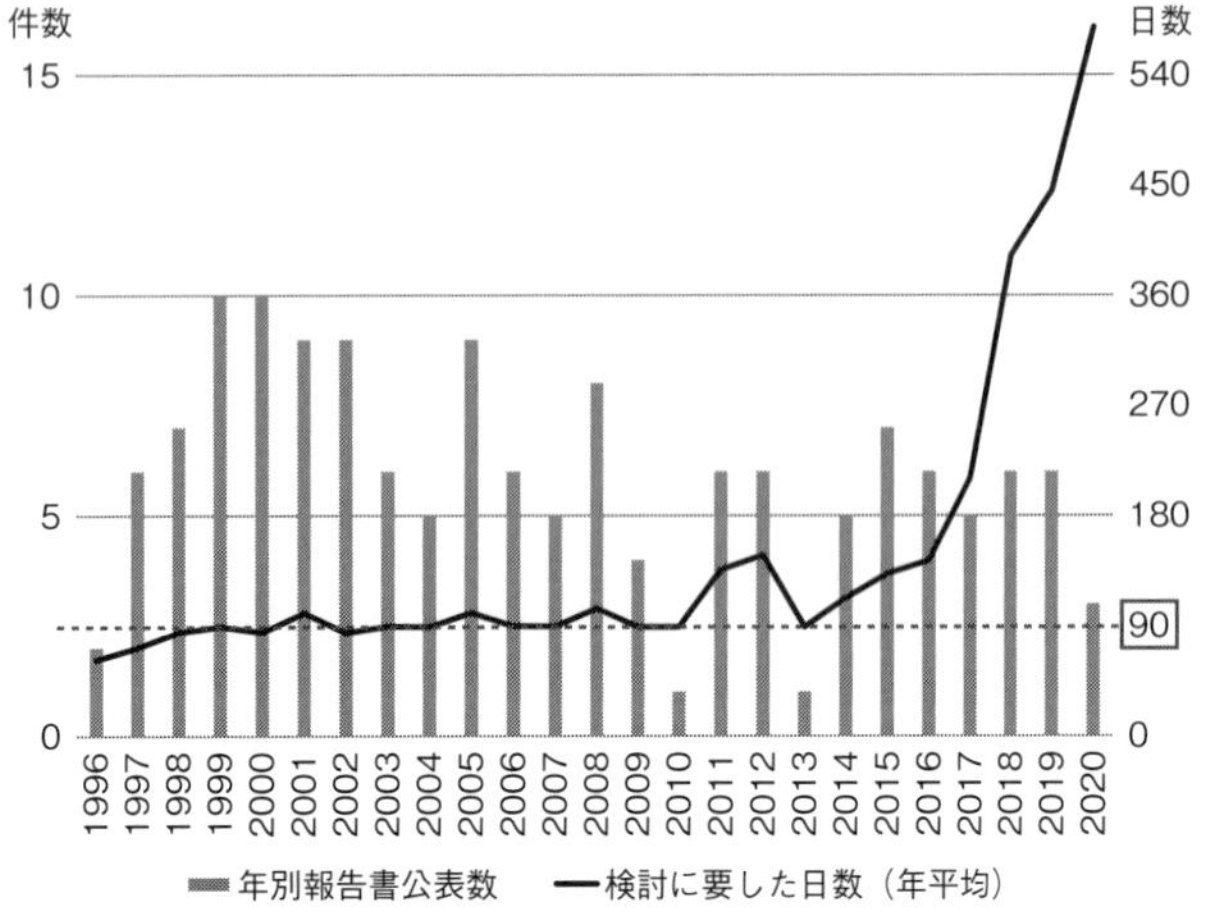

出所：Worldtradelaw. net を基に筆者作成

このように上級委の利用状況は良好であったが、二〇一一年あたりから問題となりだしたのが、報告書の公表の遅延の問題である。上級委が処理する事件の年間件数自体には増加傾向が見られるわけではないが（図4の棒グラフ参照）、一つの事件の中で提起される論点の数が増えるなどして紛争が複雑化する傾向が強くなり、上級委が期日以内に報告書を作成することが困難になり始めたのである。二〇一〇年までに公表されている上級委報告書の大半は九〇日以内に作成されていたか、僅かな超過で済んでいたが、二〇一一年以降になると、九〇日以内に作成されることの方が珍しいとまで言える状態となった。長いものでは五〇〇日を超える例さえ現れるようになっており、もはや時宜に適った解決が図られない事態に陥っていた。

加えて、二〇一六年頃から上級委を巡ってWTO加盟国間で対立が見られるようになり、退任した上級委員が補充されなくなった結果、現在は上級委員がいないという状況に陥っている。このように、当初は順調に運用されていた上級委制度も、その後はいくつかの問題に直面するようになり、機能停止へと追い込まれるに至っている。上級委の近年の動向については第5節で詳しく論ずるとして、次節では上級委の判断が示された以降の手続について説明する。

4　勧告の履行

†履行のための「妥当な期間」と履行確認パネル

パネルおよび上級委の報告書はDSBにおいて採択されると、DSBが被申立国に違反措置の是正を勧告したことになる（第二条一項、第七条一項、第十九条一項）。被申立国は、パネルまたは上級委の報告書の採択後三〇日以内に、勧告および裁定の実施に関する自国の意思を通報することになる（第二十一条三項）。被申立国には、勧告を速やかに履行することが求められるが、措置の是正に時間を要する場合には、そのための「妥当な期間」が与えられる。基本的に、この履行のための妥当な期間は、勧告を受けた紛争当事国の提案や当事国間の合意に基づいて決定されるが、合意が形成されない場合には、仲裁によって決定される。ただし、仲裁に対しては、妥当な期間が一五カ月を超えてはならないというのが指針として示されている。なお、この仲裁手続を経た決定はDSBによる採択を要しない。

仮に、被申立国が是正したとする措置に申立国が依然としてWTO協定違反の疑いを持つ場合には、履行確認手続へと移行することになる。すなわち、再度パネルが設置される（第二十一条五項）。ここでのパネルは、判断の一貫性を確保するために、可能な限り最初のパネル（原審）と同じ構成とされる。また、履行確認パネルは、迅速な処理を実現するため、検討のために与えられた期間も九〇日と短く設定されている。

DSUは履行確認段階における上訴手続について特別の規定を設けないが、履行確認手続においても上級委への申立ては可能である。履行確認パネルおよび上級委の報告書は、ネガティブ・コンセンサス方式に基づいて採択される点では原審と同じだが、今次は履行のための「妥当な期間」は設けられない。

一般的に履行確認手続は申立国が開始するが、被申立国が自己の履行措置が協定整合的であることを証明するために手続を開始することも可能である。近年はこのような事例が現れており、その場合の細則が実務を通じて形成されつつある。

†勧告の不履行と対抗措置

「妥当な期間」内に勧告を履行できなかった被申立国は、申立国に代償を与えることになる。代償は、典型的には、違反とされた産品とは異なる産品の関税引き下げ約束が想定されている。ただし、代償はWTO協定に整合的であることが求められるため（第二十二条一項）、最恵国待遇にも適合することが求められる（つまり、全てのWTO加盟国に提供される）と理解されている。妥当な期間の満了後二〇日以内に、代償について紛争当事国間で合意に達せない場合、申立国は「譲許その他の義務の停止」（以下、対抗措置）を実施するための承認申請ができるようになる（同条二項）。

WTOの紛争処理手続は、対抗措置について次のような規律を設けている。まず前提として、WTOは独善的な対抗措置の採用を禁ずる（第二十三条）。つまり、ある加盟国の協定違反などによって自らが損害を受けていると認識する加盟国は、必ず違反の決定や、是正などをDSUに定められた規則や手続に沿って行わなければならない（同条一項および二項(a)号)。これはかつて米国が、独断で他の加盟国の貿易政策をGATT違反と認定し、一方的に対抗的な措置をとってきたことを背景に導入されたものである。DSUの手続に沿って認められる対抗措置も、実際の発動に際してDSBの承認を得ることが必要とされるが(第二十二条二項および第二十三条二項(c)号)、これは実際には、ネガティブ・コンセンサス方式で決定されるため(第二十二条六項)、発動自体は、ほぼ自動的に認められる。

対抗措置の発動に際して、申立国は基本的に、違反認定された分野と同一の分野における譲許や義務の停止を行うことが求められる。しかし、その「同一の分野」における譲許や義務の停止が不可能、あるいは効果的でないと申立国が判断する場合に、第二段階として、「同一の協定のその他の分野」において譲許や義務を停止することができる。さらに第三段階として、その同一の協定のその他の分野における対抗措置が不可能か効果的でなく、かつ、「十分重大な事態が存在する」と申立国が判断する場合には、その他のWTO協定における対抗措置が認められることになる(第二十二条三項)。例えば、GATSの「娯楽、文化及びスポーツのサービス」分野で違反が認定された場合には、最初に同じ分野で譲許や義務の停止が目指され、それが可能ではない場合には、「通信サービス」などの他の分野における譲許や義務の停止が選択肢となる。それも何らかの支障がある場合には、TRIPS協定など別の協定における譲許や義務の停止が認められる。なお、物品貿易は「すべての物品を一の分野」とするため、例えばGATT違反については、第一段階の同一の分野における対抗措置が採用できない場合は、第二段階を超えて第三段階のGATSやTRIPS協定の領域における対抗措置が可能となる。このように、異なる協定の義務の停止を行うことは「クロス・リタリエーション」と呼ばれる。

このクロス・リタリエーションが認められやすくなるか否かは途上国にとっては大きな問題と言える。途上国はそもそも貿易量が多くないため、対抗措置の範囲が同じ分野や協定に限定されてしまうと、対抗措置の選択肢が狭められてしまう。また、協定違反国（紛争の相手国）が先進国であれば、TRIPS協定の適用対象となるような先進国が強みを持つ分野での譲許や義務の停止が可能となる。つまり、クロス・リタリエーションは途上国にとって、自国のダメージを抑えつつ、相手国への効果を最大化できる有力なオプションとなる。

対抗措置を採用する上でしばしば争われるのが、どの程度まで対抗措置が認められるのかという水準の問題である。第二十二条四項は、「無効化又は侵害の程度と同等の」対抗措置を認める。そして、この「同等の」基準をめぐっては紛争当事国の間で意見が一致しないことは容易に想像されるため、DSUは、そのための仲裁手続を設けている（第二十二条六項および七項）。実際の仲裁において「同等の」の文言は、違反措置によって影響を受ける貿易の額と、対抗措置によって影響を受ける貿易の額が一致することという判断を仲裁人は示してきた。

なお、対抗措置に関する仲裁（第二十二・六条仲裁）は、クロス・リタリエーションの決定過程の妥当性などについても検討することができる（二十二条六項）。これら、対抗措置やクロス・リタリエーションを検討する仲裁は、可能な限り最初のパネルと同じ構成とされ、妥当な期間の満了後六〇日以内に検討を完了させることが求められる。また、この仲裁手続では上訴はできない（第二十二条七項）。

†履行確認手続と対抗措置の関係――シークエンシング問題

実はDSUには、履行確認手続と対抗措置の関係について規定上の不備がある。先ほど述べたように、履行のための妥当な期間が経過しても被申立国がなお違反措置を是正しない場合で、かつ、代償が合意されないと、申立国は対抗措置（譲許その他の義務の停止）の申請が可能となる。そして、かかる申請を受けたDSBは、妥当な期間の満了後三〇日以内に承認を行うことになる（第二十二条六項）。ここで問題となるのが、三〇日以内という日程である。もし、是正したとする措置の協定整合性についても争いが生じた場合には、紛争当事国はそれをDSU第二十一条五項に規定される履行確認手続を通じて解決すること

図5　シークエンシング合意

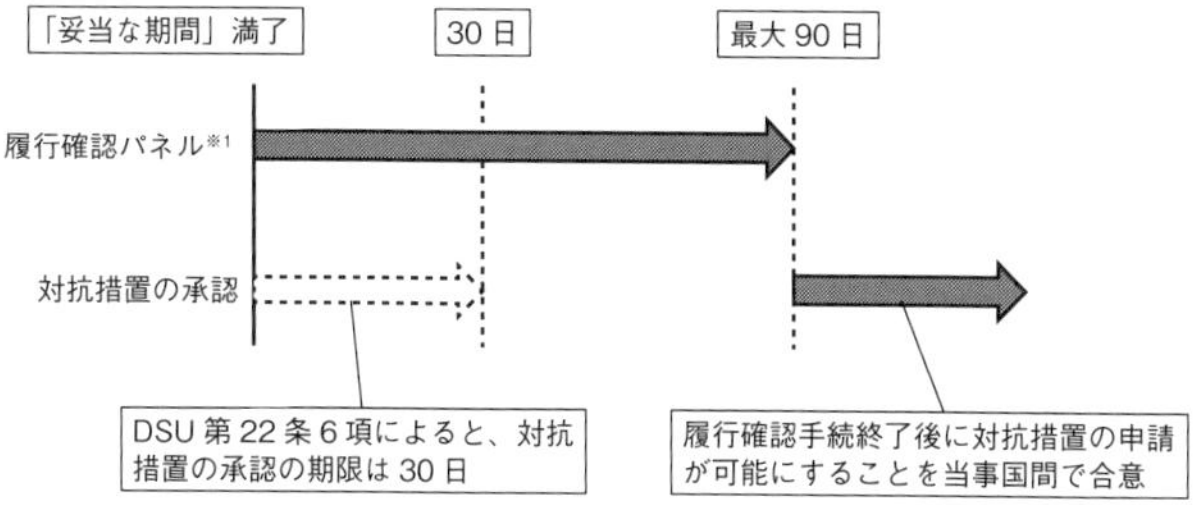

※1　厳密には、履行確認パネルの期限の起算日は「付託日」であるが、ここでは単純化するために「妥当な期間」の満了としている。
出所：筆者作成

が求められるため、中立国は履行確認パネルの完了を待つ必要がある。しかし、履行確認パネルは付託後九〇日を報告書の作成期限とするため、ほとんどの場合において、三〇日が徒過してしまう（図5参照）。履行確認手続をスキップして対抗措置を実施しようとすると、WTO協定の違反認定を特定の国が一方的に行うことを禁ずるDSU第二十三条にも違反しかねない。よって、ひとたび履行確認手続が開始されると、中立国は対抗措置の権利の放棄を意味することになる。このように、DSUは、履行期間終了後の履行確認手続と対抗措置の手続とが両立できない規定構造となっているため、ここに欠陥があると言える（これを「シークエンシング（先後）問題」と呼ぶ）。

一般的に、この問題は紛争当事国間の合意によって解決されている。つまり、履行確認手続が開始されたとしても、その手続の完了後に（違反状態の継続が認定されたのであれば）対抗措置の承認手続を開始（または再開）できること、そして、それに対して三〇日ルールに違反しているとする申立てを行わないことの合意である。初期の事例を除いては、これら自主的な合意がきちんと形成されてきたため、今日まで、協定規定の不備の問題が顕在化する事態は発生していない。しかし、事案ごとに当事国が合意するものである以上、いつこの慣行が破棄され、シークエンシング問題が発生するかは予断を許さない状況にあるのも事実である。特に手続全般の遅延が顕著な近年は、この問題を取り巻く状況が楽観視できなくなっている。

5 米国による上級委員の任命ブロックと上級委員会の機能不全

以上のような体制のWTOの紛争処理制度は良好に機能してきたと言えるが、二〇一七年から上級委員が減少することになり、二〇一八年一〇月には最低限必要な三名に減少、そして二〇二〇年一一月には上級委員が正式には一人もいない状況に陥ることになった。なぜ、そのような事態が生まれたのか、以下で説明していきたい。

†張委員再任拒否問題と新委員の任命拒絶

上級委が機能不全に陥ってしまった直接の契機は、二〇一六年五月に米国が、韓国出身の張勝和（Seung Wha Chang）委員の再任を拒絶したことにある。二〇一二年六月一日から上級委員としての任務にあたっていた張委員は、二〇一六年五月末に終わる一期目の任期の更新を行う予定であった。しかし、米国が再任の承認を拒否したことから、上級委員の再任についてのコンセンサスが形成できなくなり、後任を選定する必要が生じた。

加えて米国は、二〇一七年八月から、任期満了に伴う新しい上級委員の任命も拒絶する姿勢を示すようになった。その結果、新しい委員が補充されず、上級委員が徐々に減少する状況が生じた。その後も新規委員が任命できない状態は続き、ついに、二〇一九年一二月一一日以降は上級委員の数が紛争の審議に必要な最低人数（三名）を下回り、その日以降は新規の上訴を審議できないという状況に追い込まれたのである。

米国が張委員の再任を拒んだ理由は次の通りである。まず、米国は上級委員の再任は自動ではないと主張し、その根拠としてＤＳＵ第十七条二項が「再任されることができる」と記述していることを指摘する。そして、①紛争を解決するという目的を超えて、上級委の分析の三分の二以上が「勧告的意見（advisory opinion）」となっている事例があること、②米国が中立国の紛争の報告書において、協定規定についての抽象的な議論を、上訴された論点との関係についての説明もなく長々と展開したこと、③紛争当事国の上訴は拒絶しつつも、上級委が自作の主張と手法に基づいてパネルの判断を覆した事案があること、④

加盟国の国内法の内容について、その加盟国の法制度における憲法的原則を無視して国内法について独自の分析を行ったこと、の四点を疑問視した。これらは上級委全体に当てはまる批判のように思われるが、張委員個人への批判としても、口頭審理における質問で、上訴の対象となっていない論点への質問や、紛争の解決を意図していないような質問で時間を空費したと指摘している。

また、新しい上級委員を任命しない理由に関して米国は、上級委の検討手続の第十五規則の存在を指摘してきた。先で述べたように当該規則は、任期が満了した委員であっても、任期満了前に担当していた案件については、上級委の承認とＤＳＢへの通報を経た上で、委員として審議を継続することを認める。しかしながら、検討手続自体はＤＳＵ第十七条九項に基づいて上級委によって作成されたものであるため、ＤＳＢを通じて加盟国が決定したものではない。唯一、上級委は、ＤＳＢの議長とＷＴＯ事務局長と協議することのみが求められている。米国は、任期満了の委員についての処遇の決定についてはＤＳＢが責任を有しているとして問題視したのである。

†米国による上級委批判

張委員の再任拒絶以降、米国は上級委についての批判を断片的に行ってきたが、最初にまとめて行ったのが、二〇一八年に公表された「通商政策課題（Trade Policy Agenda）」である。そしてその後、米国はDSB会合において徐々にその内容を詳細に説明するようになっていった。米国が指摘した上級委の問題点は大きく五つある。

五つの問題点のうち、三つはすでに論じた。すなわち、第十五規則問題、勧告的意見の提示、そして、加盟国の国内法の新規の検討である。このうち、三つ目については、通商政策課題では「事実の検討」の問題と関連させて批判しているので、補足説明する。米国は、上級委が加盟国の国内法の意味内容を、その国の事情を顧慮せずに独自に分析しているとする批判を行ってきたが、その前提として、上級委が事実審であるパネルの事実認定を審査していること自体も問題視している。DSU第十七条六項によると、上級委が検討を行うのは法的な問題に限定されるため、事例に係る事実の認定はパネルの専権事項となる。それにもかかわらず、上級委は繰り返しパネルの事実に関する認定を別の法的基準に基づいて検討しており、パネルの事実認定に基礎づかない結論を導き出してきたとする。加盟国の国内法の意味についても、それは事実の問題でありパネルの認定が尊重されるべきだが、上級委はそれを法的な問題と捉えて積極的に審査していると指摘している。

それら以外で米国が取り上げたものとしてはまず、上級委の報告書作成に与えられた九〇日という期限の超過傾向の問題がある。すでに論じたように（本章第3節参照）、DSU

第十七条五項は、上級委が報告書を加盟国に送付するまで最大九〇日を超えてはならないとし、かつ、六〇日を超える場合には、報告書の完成日の見込みと、遅延の理由をDSBに通報することを求める。しかし、これもやはり論じたように、二〇一一年以降は九〇日期限を遵守できない状態となっている。米国はこのことを問題視すると同時に、期限を守らない法的な根拠を提示していないとも指摘する。さらに、上級委が期限を超過する可能性がある場合に紛争当事国と協議せずにそれをDSBに通報していること、近年は報告書完成に要する期間の見込みも提示しなくなっていることも批判している。

そして五つ目が、自己の先行判断が後続パネルを拘束することを是認する上級委の姿勢への批判である。上級委は「適切な理由」がなければパネルは先の上級委報告書における判断に従うことを肯定するような判断（先例拘束性）を示してきたが、米国は、それはWTO協定に基礎を有さないと指摘する。

なお、その後、米国は二〇二〇年二月に、上級委に関する更なる報告書を公表しており、そこでさらなる問題点を指摘している。かかる報告書を論ずる前に、米国の批判を受けて他のWTO加盟国に動向が見られたため、先にその点を指摘したうえで二〇二〇年報告書の内容を見る。

✝上級委の改革案

米国による上級委に対する問題が提起された後に、いち早く対応を明示したのがEUであった。EUは二〇一八年九月に公開したコンセプト・ペーパーにおいて、米国の五つの懸念に対する上級委改正案を示した。そして同年の一一月には、コンセプト・ペーパーを基礎とした提案を、中国やインドを含む計一二カ国の共同提案として（後に一四カ国に増加）、WTOに提出している。厳密に言うと、二種類の共同提案を提出しており、上級委の手続遂行に関するDSU規則の改正をメインとする提案を一二カ国の連名で、上級委の制度変更を主眼点とした提案を中国、インドの連名で提出している（後にモンテネグロも参加）。以下では、その二つの提案を総合して「欧中印提案」とする（正確には、提案の多くは一〇カ国以上の連名ではあるが、欧中印の影響が大きいと思われることから、ここではそのように称する）。

その後、その他の国々からも改革提案が示されると同時に、ニュージーランドのウォーカー大使をファシリテーターとした非公式の会合などが重ねられ、二〇一九年一二月には、WTO一般理事会による決定草案が作成されている。欧中印提案と決定草案の比較については、表4にまとめた。

表を見てもわかるように、欧中印提案と決定草案は内容が類似しており、欧中印提案が

表4　欧中印提案と決定草案の比較

米国が示した懸念	欧中印提案	決定草案
90日ルール	DSU第17条5項の改正、紛争当事国の合意で90日期限の延長可。加えて、上級委員の増加、常勤化、上級委事務局の増強を目指す。	紛争当事国の合意で90日期限の延長が可能。
第15規則問題	DSU第17条2項の改正、口頭審理後であれば任期満了の上級委員の職務遂行を是認。	任期満了まで60日以内の委員はディビジョンには選定されない、口頭審理終了後であれば任期満了の上級委員の職務遂行を是認。
勧告的意見	DSU第17条12項の改正、紛争の解決に必要な限度において問題を取り扱うことを明記。	紛争の解決に必要な限度において問題を取り扱う。
事実認定および加盟国の国内法の新規の検討	DSU第17条6項への注の追加、加盟国の国内法の意味についてのパネルの判断は上訴対象とはされないことの確認。	国内法の意味は事実の問題とされ上訴の対象から外される、加盟国は事実に関する認定を上級委手続で覆すことを回避する責任を有する。
先例拘束性	DSU第17条15項の追加、上級委とWTO加盟国との間の年次会合を通じた意見交換の機会の創設（先例性については明言せず）。	先例性はWTO紛争解決手続においては認められない（ただし、先行判断は考慮される）。
（行き過ぎ問題）		上級委がWTO協定の権利や義務を追加することなどは認められないことの確認（AD協定第17.6条の確認も含む）。
（追加的提案）	1期6-8年制の導入、新委員の充足までの旧委員の任務遂行の延長可（最大2年）、任期が切れる委員の後任選定手続の自動開始の提案。	任期満了の委員の後任選定手続の自動開始、決定草案に関連する事項を含めたWTO加盟国と上級委の間の定期的な非公式対話の実施

※下線部は各提案で相違が顕著な点
出所：筆者作成

基盤となっていることが分かる。他方で、いくつかの相違も確認される。まず、前提として、両提案ともルールの変更を試みるものではあるものの、そのアプローチは異なっており、欧中印提案はDSU改正の提案であるのに対して、決定草案は一般理事会の決定を念頭に置いている。そして、細部における相違としては、欧中印提案に参加した加盟国以外の加盟国が提案した内容が、決定草案にはいくつか追加されている（例えば、加盟国には事実認定を上級委手続の段階で覆そうとすることの回避責任があることの提示）。あるいは、欧中印提案に見られる上級委の制度設計そのものを変更する提案（例えば、上級委の任期の再任制の廃止）については、決定草案には含まれていない。このように比較すると、決定草案は、欧中印提案から制度的改革を外してトーンダウンをした提案と捉えられる。

結局のところ、この決定草案は、最終的に米国が賛意を示さなかったため、採択されていない。他方で、その米国は、上級委批判を継続しており、その内容もより厳しいものとなっている。この点について後でもう少し説明する。

†上級委の停止とパネルへの影響

ところで、読者の中には、上級委の機能が停止するのであれば、一審のパネルのみで凌ぐしかないと考えた人もいるかもしれない。しかし、上級委の停止による影響は、実はパネルにも及ぶ。DSU第十六条四項によると、紛争当事国が上級委への申立ての意思をDSBに正式に通報した場合は、パネルの報告書はDSBにおいて採択されないと規定する。つまり、現行制度の下では、ひとたび上訴の意思が示されると、パネルの報告書は採択されないまま棚晒しの状態となる。よって、上級委の機能停止は、パネル報告書の不採択によるパネル判断の形骸化までも招く。この状況を打破するために、パネル手続の段階で、上訴しないことを合意する例も見られる（DS四九六の事件では、紛争当事国のインドネシアとベトナムの間でそのような合意が成立している）。また、EUなどはDSU第二十五条の仲裁を基礎とした「加盟国間暫定上訴仲裁」制度を構築して運用し始めている。この制度については後述する。

†二〇二〇年米国の上級委報告書

米国（米国通商代表部、USTR）は、二〇二〇年二月に再び、上級委を批判する報告書を公表しており、そこでは、先の五つの問題点に加えて、次のような論点が三つ追加提示されている（ここでは議論の流れの関係で、手続・制度論のみ取り上げる）。

最初が、上級委は、違反国に対して勧告を行わなければならない場面でそれを怠っているとする批判である。DSU第十九条一項は、パネルや上級委は「ある措置がいずれかの対象協定に適合しないと認める場合には、関係加盟国に対し当該措置を当該協定に適合させるよう勧告する」と規定しており、パネルなどが違反認定を行った場合には、勧告を行うことを義務付けている。しかし、上級委は米国―特定EC産品事件（DS一六五）以降、パネル手続の完了前に失効した措置に対しては、パネルには勧告を行わないという裁量があるとする立場を堅持しており、それはDSUに非整合的であると米国は批判している。

第二が、上級委は他のWTO機関が権限を有する事項に意見を述べることで、自己に与えられている権限を踰越したとする主張である。具体的には、補助金協定の附属書五の解釈に対する批判が一例として示されている。補助金協定の附属書五は、他の加盟国が交付した補助金によって自国の国内産業が損害などを受けたと認識した加盟国が、パネルに紛争を付託した場合に、DSBが補助金交付国などから補助金に関連する情報を入手することを認めており、そのための手続を規定している。中立国は、自力では外国である補助金交付国などの内部情報を十分に入手できないことがあるため、この手続があると、自己の主張に必要な情報が不足する事態を回避することができる。しかし、この手続を巡っては、当該手続が自動的に開始されるのか、DSBによる開始の決定を要するのかが問題となる。もし、DSB決定が必要となると、本書でも論じてきたようにコンセンサスの壁が立ちはだかることになる。これが米国―民間航空機事件（DS三五三）で争点となり、上級委は自動的に開始されるという立場に立ったのである。これに対して米国は、上級委の判断は、DSBがコンセンサスを基調とするDSUから逸脱するものであり、そのような判断には十分な法的根拠がないと批判している。

第三が、上級委は、WTO協定で認められている正式な解釈権限を軽視する形で、協定を解釈しているという批判である。第1章第3節で述べたように、WTO設立協定第九条二項は、閣僚会議または一般理事会がWTOの各協定の正式な解釈を採択する排他的権限を有すると定める。しかしながら、上級委は、かかる手続を経ていないWTO組織の決定を、ウィーン条約法条約でいう「後にされた合意」（第三十一条三項(a)号）として認定し、WTOの各協定の解釈で考慮してきたと米国は批判する。より具体的には、例えば米国―クローブタバコ事件（DS四〇六）において上級委は、二〇〇一年の閣僚決定について、これはWTO設立協定第九条二項でいう排他的解釈権限の行使には該当しないと判断したにもかかわらず、「後にされた合意」に該当するとして、WTO協定（TBT協定）の解釈において考慮することを認める判断を下した。米国の報告書はこのような上級委の判断に対して、WTO設立協定で認められる有限的解釈の制度が形骸化するなどと批判する。

このように、米国の上級委批判は強まる一方で、米国はその後も、上級委がDSUに沿わない言動を行う「理由」の検証の必要性を主張するばかりで、解決案を示していない。

そのため、加盟国間の対立状況は解消には向かっているとは言い難い状況にある。

†DSU第二十五条仲裁と加盟国間暫定上訴仲裁

上級委の機能不全に対する暫定的な対処として注目されるようになってきたのがDSU第二十五条に規定される仲裁手続であり、それを基礎に創設されたのが「加盟国間暫定上訴仲裁（MPIA）」（以下、暫定上訴仲裁）制度である。後者はEUが主導した枠組みであり、二〇二〇年四月三〇日に一九の国と地域が参加して、設立がWTOに正式通報されている。その後もこの仕組みに賛同する国は増え、二〇二一年三月現在、参加数は二五となっており、仲裁人のプール構成も完了している段階にある。さらに、付託を合意した紛争も散見されつつある。ここでは、最初にDSU第二十五条仲裁から説明し、続いて暫定上訴仲裁の内容について概説する。

DSU第二十五条仲裁はその名が示す通り、DSU第二十五条を基礎とするが、同条文は比較的簡素で、①紛争当事国の合意によって開始され（全ての加盟国に通報される）、手続についても合意によって決定される（二項）、②仲裁手続の当事国は仲裁判断に服することについて合意する（三項）、③履行確認に関する第二十一条と第二十二条の規定は仲裁についても準用される（四項）など、具体的に規定する内容はわずかである。

この仲裁の特徴として、まず、DSBの関与の機会が少ないことが挙げられる。例えば、仲裁手続の開始に際して、DSBによる設置の決定を要しない。そのため、上級委手続の開始が加盟国によってブロックされないという上級委の利点が維持される。また、同仲裁においては、通常の履行確認に関する規定が準用されるため、仲裁裁定の不履行についでは対抗措置の発動が認められ、裁定に一定の強制力も働く。さらに、仲裁人に元上級委員を指定することや、上級委の手続規則に依拠することも可能なため、事実上、上級委に機能を近づけることもできる。実際に、後述の暫定上訴仲裁の初期の案では、仲裁人は元上級委員とすることが想定されていた(もっとも、その後に決定された仲裁人プールにおいては、上級委員経験者は含まれていない)。

他方で、DSU第二十五条仲裁には運用上の課題もある。まず、当該条文は極めて簡潔なため、その詳細については定かではないところが多い。また、同仲裁は当事国の合意を条件とするため、そもそものような合意が形成されない限り、手続が開始できない。とりわけ、仲裁を上訴手続の代替として利用する場合には、パネル手続を経ていることが前提となるが、パネル手続で勝訴した紛争当事国にとっては、上訴の仲裁に合意する動機は弱い。このようなことから、本格運用に際しては様々な追加的な規則を事前に整備することが必要となる。

そして、このDSU第二十五条仲裁を基礎として導入されたのが暫定上訴仲裁制度である。「暫定」という名が示す通り、上級委の機能が回復するまでの時限的なものとして位置付けられている。しかし、同制度のWTOへの通報文書にはその利用の具体的な終了時期については明記されておらず、上級委が「再び完全に機能する」までとされているため(第十五段落)、上級委の動向次第では、本制度が上訴審として長きにわたって利用される可能性もある。

暫定上訴仲裁制度はDSU第二十五条と第十七条を基礎とするが、いくつかの点で修正が加えられている。第一に、常任の上訴仲裁人があらかじめ一〇名プールされ、その中から仲裁人が選出される。そして、その際の選定方法は第十七条一項および上級委の検討手続に依拠するため、事案ごとに三名が一〇名の中からローテーションで選出される。つまり、紛争当事国が仲裁人を選ぶことにはならない。また、上級委の合議制の精神を残すために、プール内の仲裁人は相互に議論することが認められ、上訴仲裁手続で用いられている文書も共有することになる。ただし、仲裁人の任期については、当該制度が暫定的なものであることを受けて設定されていない。もっとも、上級委の機能回復が遅れるような場合には、仲裁人のプールが構成されてから二年後以降(最初の一〇名の仲裁人は二〇二〇年七月三一日にWTOに通報)に定期的に改編するとされており、また、いつでも全参加国の合意で仲裁人のプールの構成が変更できる仕組みとなっている。

第二に、パネル報告書の回付後に仲裁への付託合意を形成することは困難という問題を解消するために、暫定上訴仲裁では、パネルの設置後六〇日以内に「上訴仲裁合意」を通報することが求められる。つまり、早い段階で上訴の余地を決定しておくことで、パネルの結果を見て上訴仲裁に合意するか否かを判断させることの回避を図っている。

第三に、すでに論じた上級委の制度的問題点を解消することも試みられている。これには、WTOに提出された改革案に見られたアイディアもあれば、追加的なものもある。前者の例としては、勧告的意見の問題への対処があり、仲裁人は「紛争の解決に必要な問題のみを取り扱う」と、上級委の各改革案に見られたような表現が用いられている。後者の例としては、DSU第十一条に関する主張の抑制がある。DSU第十一条は、パネルが、紛争の事実関係などについて客観的な評価を行うことを求める規定である。しかし、これまでの紛争では、上級委の手続において、パネルが事実の客観的な評価を行っていないとする第十一条違反の主張が、協定規定の解釈の誤りについての主張に追加的に行われることが多く、それが手続の遅延や報告書の分量が膨大になる原因でもあった。暫定上訴仲裁の手続では、このようなDSU第十一条に関する主張が報告書作成の遅延要因となるのであれば、仲裁人は該当する主張の除去を提案できるとされている。

表5　暫定上訴仲裁ないしDSU第25条仲裁への付託が合意された紛争

事件名	番号	申立国	パネル構成日	付託の合意日
カナダ—民間航空機事件	DS522	ブラジル	2018年2月6日	2020年5月29日※1
カナダ—ワイン（豪州）事件	DS537	豪州	2019年3月7日	2020年5月29日
コスタリカ—アボカド事件	DS524	メキシコ	2019年5月16日	2020年5月29日
コロンビア—冷凍フライ事件	DS591	EU	2020年8月24日	2020年7月13日
豪州—コピー用紙事件履行確認手続※2	DS529	インドネシア		2020年10月2日

※1　2021年2月18日にブラジルが申立てを取り下げ
※2　シークエンシング合意の中でDSU第25条仲裁の利用を合意。同事件の履行確認パネルはまだ設置されていない
出所：筆者作成

その暫定上訴仲裁であるが、二〇二一年三月末時点で、四件の付託合意の実績がある。また、豪州―コピー用紙事件（DS五二九）については、DSU第二十五条仲裁の利用がシークエンシング合意の中で明示されている。同事件は、履行確認手続において同仲裁を利用する予定であること、そして、一方当事国であるインドネシアが暫定上訴仲裁制度に参加していないためにDSU第二十五条仲裁の利用が明示されているものの、他方当事国の豪州が同制度に参加していることから、DSU第二十五条仲裁が暫定上訴仲裁に近似して運用される可能性があるという点で注目される。

なお、日本はこの暫定上訴仲裁制度に参加していない。二〇二〇年一月二八日付の外務省の連載企画「なぜ、今、WTO改革なのか」によると、「紛争解決制度の改革が、暫定的なものにとどまらず、早期に恒久的な形で達成されることを最重要視しているため、今次〔上訴仲裁制度を創設する意思を示す〕閣僚声明への参加は見送ることとした」と

ある。その後も、EUから参加の要請があった際も、日本としては方針を変えてはいない。

†上級委の機能停止とFTAの紛争処理制度

以上のように、米国が新しい上級委員の任命を拒絶したため、二〇一九年一二月一一日には上級委の委員が検討に必要な定数を割り、ついに二〇二〇年一一月三〇日には全委員の任期が切れた。しかし、検討手続第十五規則の存在により、二〇一九年一二月以前に上訴が通報された紛争については、任期を満了した上級委員が検討を行えることから、それらについては理屈としては判断が行えた(対象となる紛争については表6参照)。他方で、上級委の判断が示されないままになれば、先で述べたようにDSU第十六条が、上訴されたパネル報告書の採択を留保すると定めるため、パネル報告さえも未採択となってしまう。表6に示した上訴事例については、暫定上訴仲裁の利用も提示されていないため、パネル報告書は何らかの上訴判断が示されない限り、未採択として放置されることになる。もっとも、「検討不可能」な事例のなかには、DSU第二十五条仲裁を利用する可能性が紛争当事国によって示唆されている例もある(DS五六七におけるカタール)。DSU第二十五条仲裁の利用の開始に関しては時間的制約が存在しないため、いつでもDSU第二十五条仲裁は開始できる。暫定上訴仲裁についても、パネル手続が終了していても、当事国の合意で

表6　2019年以降に上訴された紛争の状況

事件名	DS番号	上訴通報日	上級委
タイ―タバコ（フィリピン）事件	DS371（第1履行確認）	2019年1月9日	検討可能（第十五規則の適用）
米国―パイプ管製品事件	DS523	2019年1月25日	
米国―価格手法事件	DS534	2019年6月4日	
米国―再生可能エネルギー事件	DS510	2019年8月15日	
タイ―タバコ（フィリピン）事件	DS371（第2履行確認）	2019年9月9日	
インド―輸出関連措置事件	DS541	2019年11月19日	
EC及び加盟国―大型民間旅客機事件	DS316（履行確認）	2019年12月6日	
米国―炭素鋼（インド）事件	DS436（履行確認）	2019年12月18日	検討不可能（新しい委員が任命されるまで）
サウジアラビア―知的財産権保護事件	DS567	2020年7月28日	
EU―価格調整手法（ロシア）事件II	DS494	2020年8月28日	
米国―軟材事件VII	DS533	2020年9月28日	
米国―関税措置事件	DS543	2020年10月26日	
インドネシア―鶏肉事件	DS484（履行確認）	2020年12月17日	
韓国―ステンレス棒鋼事件	DS553	2021年1月22日	

出所：筆者作成

利用は可能と言える。

今後、上級委の機能が回復する可能性も残されているが、仮に回復するとしても、ゼロからの委員選定となるため、正常化には時間がかかるであろう。ＤＳＵ第二十五条仲裁の利用状況にもよるが、このような上級委の機能不全は、ＦＴＡにおける紛争処理制度への傾倒を招くかもしれない。ＦＴＡについては次章にて詳しく説明するが、二国間（あるいは複数国間）の協定においてもＷＴＯに類似した紛争処理制度が設けられることが多く、ＦＴＡで紛争の解決が図られるようになっても何らおかしくはない。とりわけ、ＦＴＡによっては、ＷＴＯの手続の欠点を補うことが試みられている例も少なくなく、事案によってはＦＴＡの手続のほうが、利便性に優れる可能性がある。実際にＦＴＡの手続の利用が拡大しそうな兆候は見られており、例えば、二〇一九年にＥＵがウクライナの木材の輸出禁止をＥＵ・ウクライナ連合協定の下で訴えた事案は、ＷＴＯに付託されてもおかしくない事案であった。ＦＴＡの手続には未だ様々な課題があるため、急激に付託数が増えることは想像しにくいが、これはいずれ有力な選択肢となるであろう。この最後の点については、本書の最終章においても検討する。

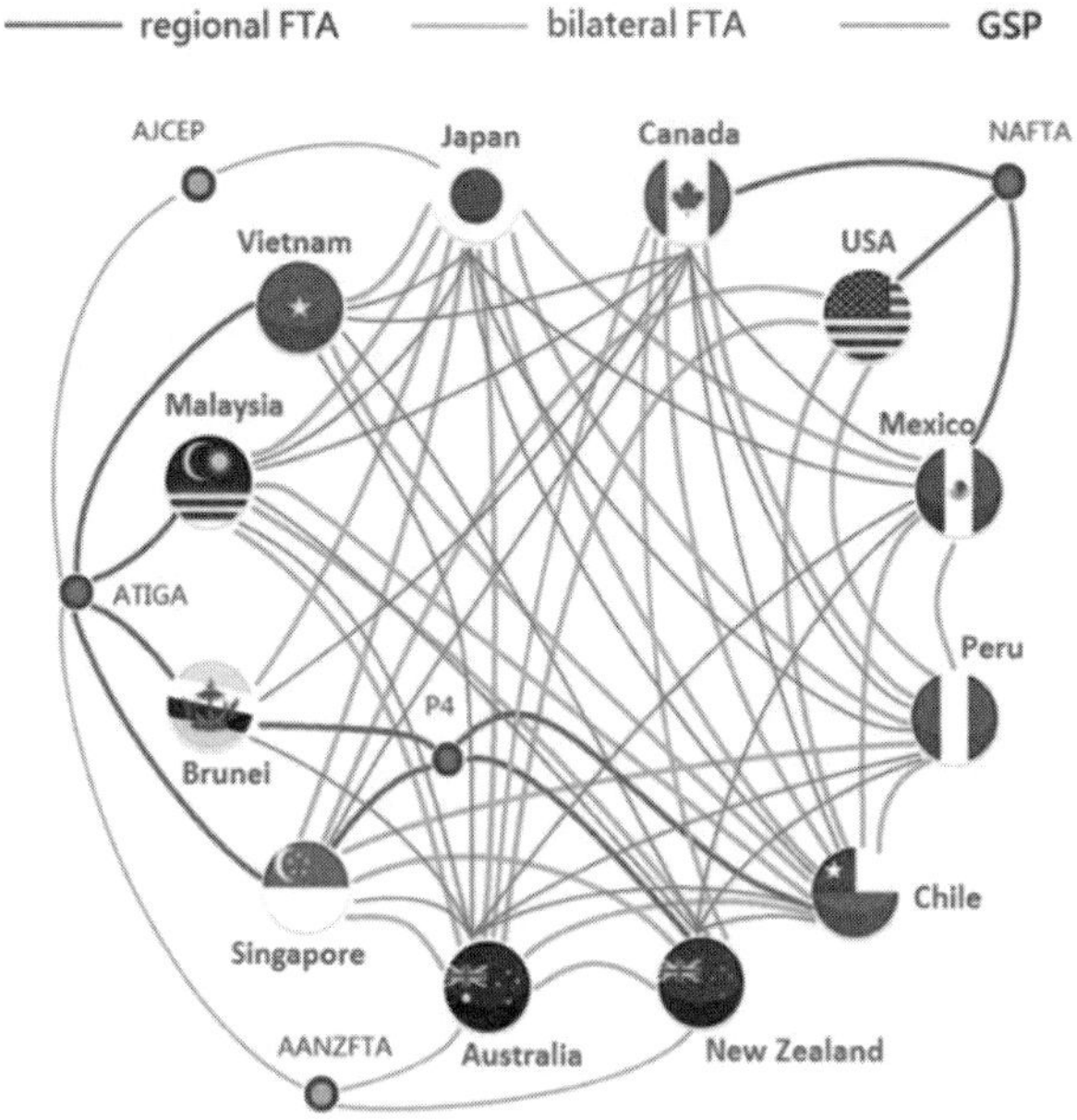

第 3 章
FTAの隆盛

増えるFTA網（TPP参加国間の関係）

1　FTAとは何か?

†FTAとは

「自由貿易協定」(FTA、WTO協定上は「自由貿易地域」と表現されているが、本書ではより一般的な用語である「自由貿易協定」を用いる)とは、全世界的に貿易の自由化を目指すWTOとは異なり、特定の国の間でのみ貿易の自由化を目指す仕組みである。ただし、特定の国との間でのみ自由化を進めると、その枠組みに参加していない国は、相対的に高い貿易障壁に直面し、競争上不利となる。理論上、そのFTA外の国が、FTAの締約相手国よりも効率性に優れる場合には、FTAによるマイナス効果が大きくなるとされる。このようにFTAが貿易の流れを非効率的に歪曲させる効果を貿易転換効果という。さらに、ルールとの整合性という面では、FTAは締約国間での貿易のみを差別的に優遇することから、WTOの重要な原則である最恵国待遇に反することになる。これらを踏まえると、FTAは問題が多いように思われるが、WTOでは(前身のGATTから)FTAの形成が認められてきている。なぜか。

それは、自由貿易協定が締結されることによる協定域内での貿易創出効果が、前述の貿易転換効果を超越することが期待されるためである。つまり、FTAによって効率性に優れる産品の域内貿易が一層自由化することで、FTA内部での貿易及び経済の活性化が進めば（貿易創出効果）、それらによる利益が損失を上回ることになるという論理である。

そうであるならば、FTAの締結は、貿易創出効果が貿易転換効果を上回ることが望まれる。そのことを受けて、まずWTO協定は、FTAを締結する目的はその締約国間の貿易を促進することであって、その締約国と他のWTO加盟国との間の貿易に対する障害を引き上げることではないことを確認する（GATT第二十四条四項、および、GATT第二十四条の解釈に関する了解（以下、第二十四条解釈了解）前文）。そして実際に、WTOはこの効果を実現するための様々な規定を設けている（詳細は後で説明する）。

以上がFTAについての一般的な説明であるが、実際には、複雑な経済状況下で貿易創出効果や転換効果を正確に（特に事前に）測定することは容易ではない。また、実際にWTOに設けられた規定の条件の全てが厳密に守られることが少ないことから、事後的にも、WTO規定と貿易創出および転換効果の関係とを明確に把握することは難しい。さらに言うと、そもそもWTOのルール（GATT第二十四条）自体が、貿易創出効果と転換効果の算出を求めていないのである。とはいえ、この貿易創出効果と転換効果の考えは、FTA

を考える上で大事な議論の出発点となる。

†ＦＴＡと関税同盟

ＦＴＡと同時に議論されるのが関税同盟である。特定の国との間で自由貿易を目指すという点では同一であるが、両者の違いは対外政策上の柔軟性の相違にある。ＦＴＡは、協定内での自由化は目指すが、協定参加国と第三国の関係については基本的には制約を設けない（ＦＴＡ締結前よりも貿易障壁を高くしないことは条件とされるが、それ以外は自由である）。それに対して、関税同盟は対外政策の実質的な同一性が原則とされる。すなわち、関税同盟に参加している国は全て、第三国に対して同じ関税率の設定や、同じ内容の通商政策を実施することが原則とされるのである。この側面に着目すると、関税同盟はＦＴＡよりも一歩踏み込んだ国家間の統合を意味する。

関税同盟は、他国とＦＴＡを結ぶ場合は、関税同盟が締結することになる。よって、関税同盟であるＥＵは、ＥＵとして自由貿易協定を締結することになり、その結果、日ＥＵ経済連携協定（ＥＰＡ）は存在するが、日本・ドイツＦＴＡは存在しない。

もっとも、ＦＴＡであっても、ＦＴＡ自身が他のＷＴＯ加盟国とＦＴＡを締結することが認められないわけではない。例えば、ＥＦＴＡ（欧州自由貿易連合）は自由貿易協定ではあるものの、現在、EFTAとして締結している自由貿易協定が二六件も存在する。EFTAがそのような行動をとるのは、EFTAとして交渉する方が相手国にとってより魅力的な市場となるという考えからである。他方で、EFTA加盟国が独自に締結している協定もあり、その代表例が日本・スイスEPAである。スイスにとっては日本が第三の貿易相手国であった(交渉開始時)。EFTA以外としては、ASEAN(東南アジア諸国連合)が同様のアプローチを採用しており、日本もASEANとFTAを締結している(日ASEAN・EPA)。

†経済統合協定(EIA)

FTAと類似するもので、「経済統合協定」(EIA)という言葉がある。これはGATSの文脈で用いられる言葉であり、サービス貿易におけるFTAを意味する。目下のところ、サービス貿易は物品についてのFTAと統合された協定とされることが一般的なため、EIAという言葉が積極的に用いられる場面は少ない。しかしながら、段階的にFTAを締結する方式——最初に物品の貿易に関してFTAを締結し、その後にサービス貿易についても協定を締結する方式——も利用されるため、サービス分野だけを対象としたEIAの概念の重要性が低いわけではない。EIAの形成の条件や、物品貿易におけるFTAと

図6　効力を有しているFTAの推移（発効年基準、2020年末まで）

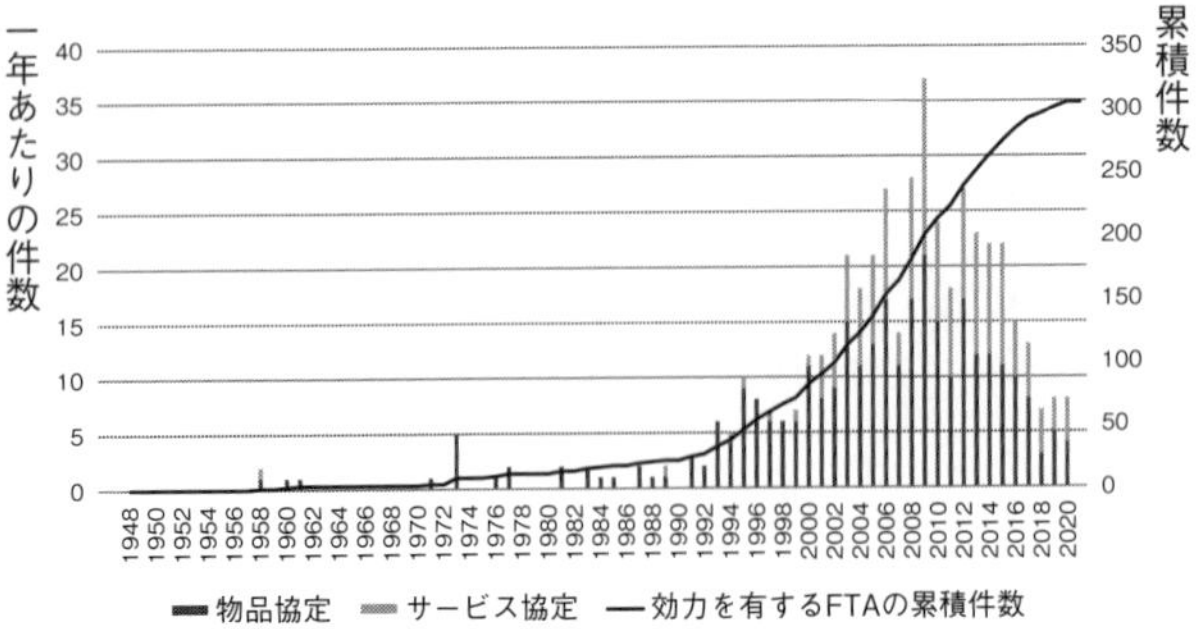

出所：WTOのホームページ上のデータを基に筆者作成

のＷＴＯ協定上の相違などについては、ＦＴＡの解説の後に改めて解説する。

†ＦＴＡを論じる必要があるのはなぜか？

以上のように、ＦＴＡ——以下で議論する内容には関税同盟や経済統合協定なども含まれるが、わかりやすくするためにＦＴＡで表現を一本化する——はＷＴＯの例外として位置づけられるが、なぜ、このＦＴＡについて論じる必要があるのか。その最大の理由は、ＦＴＡの数が増加し、一般化しているからである（図6参照）。現在、世界各国はＦＴＡの締結に尽力しており、ＷＴＯの発表によると、ＦＴＡなどの締結数は二〇二一年三月時点で三四二件に上る（図6が三〇〇件程度と差があるのは、二〇二一年一月一日に英国のＦＴＡが多数発効したため）。全てのＷＴＯ加盟国にＦＴＡの締結実績があり、シンガポールやチリなどは、主だった貿易相手国の大半とＦＴＡを締結している。

このような情勢を踏まえると、もはやＦＴＡの理解抜きには国際的な経済ルールを理解することはできない状況になっていると言える。他方で、だからといってＷＴＯの存在意義が失われたわけでもない。以下で詳しく説明するが、ＦＴＡはＷＴＯを根拠に正当化されるのであり、また、その内容の多くはＷＴＯ協定と親和的である。仮に、ＷＴＯ協定を修正するような内容を含むものであったとしても、基本法的な位置づけにあるＷＴＯとの関連性は重要となる。このことから、今後、国際貿易法を把握するためには、ＷＴＯとＦＴＡとを相互補完的に学んでいく必要がある。これが、ＦＴＡを論ずることの意義である。

†ＷＴＯによるＦＴＡの管理

先で述べたように、ＦＴＡはＷＴＯの重要な原則である最恵国待遇に反するものであるが、例外として認められてきた。しかし、やはりＷＴＯの重要な原則に反する以上、容易に認められるべきではなく、ＷＴＯによって管理されることが必要となる。その管理に際しては、ルール上の管理と、組織的な管理の両面がある。前者については後で詳しく論ずる。後者についてＷＴＯは、ＦＴＡに関する問題を専門的に取り扱う「地域貿易協定委員会（ＣＲＴＡ）」を設置している。

ＣＲＴＡは一九九六年の一般理事会決定により創設された組織である。ＣＲＴＡに与えられた本来的な任務の一つが、ＦＴＡや関税同盟の実情を審査し、物品の貿易に関する理事会や、サービスの貿易に関する理事会に対して報告書を提出することである。ＣＲＴＡによるＧＡＴＴないしＧＡＴＳとの適合性についての報告書を受けて、物品の貿易に関する理事会とサービスの貿易に関する理事会は勧告を行うことになる。しかし、ＣＲＴＡではコンセンサスによる決定が弊害となって、審査報告書が採択された例が存在しない（ＣＲＴＡ創設以前の作業部会による報告書は一九件採択されている）。審査報告書の案も、作成されたとしても、審査中の議論の内容が記載されているのみで、統一的な見解が示されることがない。これら、コンセンサス形成の失敗による報告書の不在は、当該委員会の意義を減ずる一因となっており、本来であれば、ＦＴＡの締結を決めた早い段階でＷＴＯに協定の締結意思が通告されるべきであるが（ＧＡＴＴ第二十四条七項(a)号）、大半が締結後の事後通告となる事態にもつながっている。

このように、ＣＲＴＡの審査機能は有効とは言い難い（近年はその機能を断念しているとも指摘される）が、ＣＲＴＡの審査結果が出ない限りＦＴＡのＧＡＴＴ整合性が認められないわけではない。この点につき、米国―ラインパイプセーフガード事件（ＤＳ二〇二）のパネルは、ＣＲＴＡによって争点のＦＴＡのＧＡＴＴ整合性についての審査決定が下されていない段階では、FTAはGATT違反であるとする考えは支持できないという判断を示している。ただし、同事件の上級委は、そもそもGATT第二十四条の適用が検討されるべき場面ではなかったとして、パネルの関連する判断は無効と認定している。

FTAがWTOルール整合的であるか否かを巡っては、CRTAに依らずとも、紛争処理手続を通じて解決を図ることも可能である。第二十四条解釈了解の第十二項は、第二十四条の適用から生ずるあらゆる問題についてDSUが適用できるとしており、FTAや関税同盟のWTO協定整合性を紛争処理手続で争えることを認めている。過去には、紛争処理手続でFTAそれ自体の審査を認めることについては、CRTAの機能を減ずるとして否定的な意見も示されたが、CRTAの審査機能が有効に働いてこなかったことは既に論じた通りである。

†FTAが認められるための要件

続いて、ルール上、FTAがWTOによってどのように管理されるか論ずる。まず、WTOは関税同盟やFTAの参加国間で、関税や制限的な通商規則を「実質上のすべての貿易について」廃止することを求める(GATT第二四条八項(a)号(i)および(b)号、図7も参照)。しかし、何をもって「実質上のすべての貿易について」廃止されたとするかの基準に関する

図7　FTAが認められるための要件

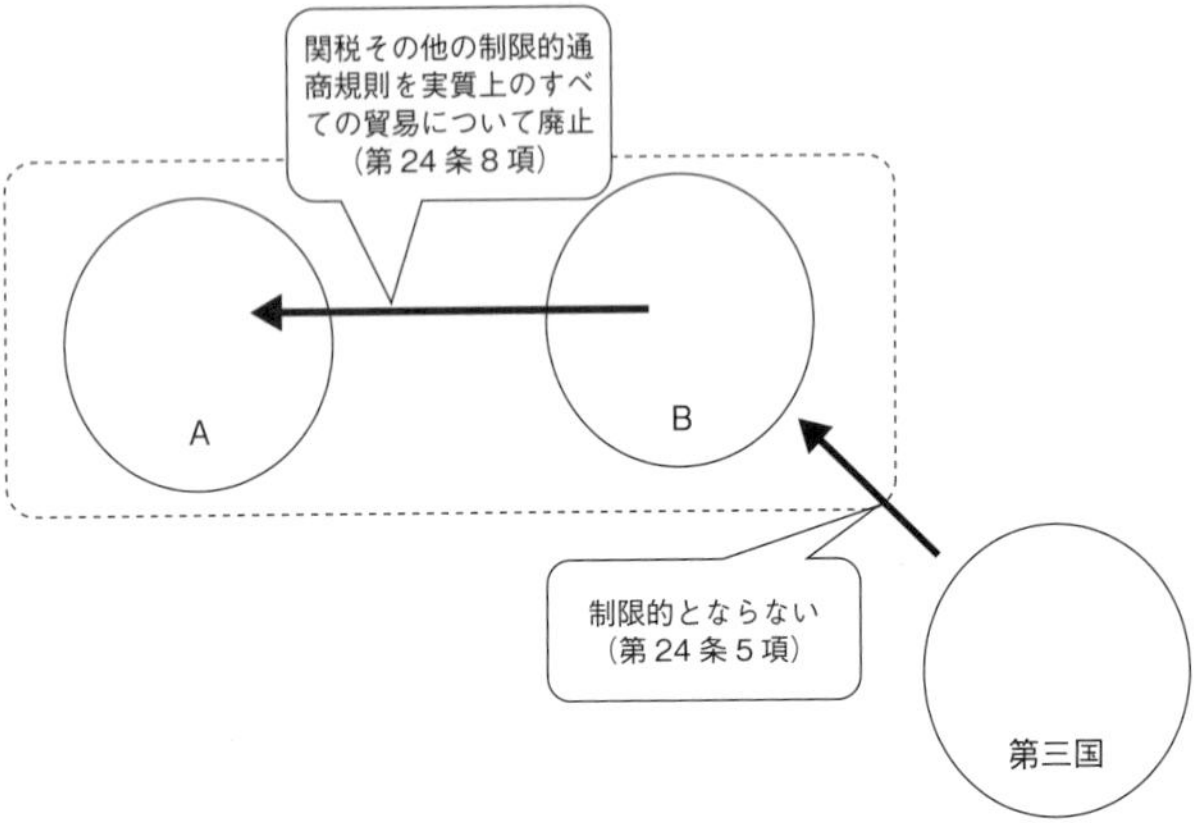

出所：筆者作成

合意は存在していない。これまでは主に、量的な基準と、質的な基準の双方で判断すべきとする考えを中心に議論が展開してきた。しかし、量的な基準については、それを貿易額で判断するのか、貿易される品目数で判断すべきかで議論が収斂していない状態にある。貿易額基準の欠点は、貿易額が僅少な品目をほぼ無制限に例外にできる点にある。それに対して、品目数基準には、貿易額の大きい品目を例外としやすくなるという欠点があり、ともに決め手を欠くことがその背景にある。質的基準は、主要な分野が除外されていてはならないとする考えであるが、その細部については議論が詰められていない。

　他方で、FTA外との関係についてWTO協定は、FTA参加国以外に対する貿易障壁の全体的な水準がＦＴＡ締結以前よりも高度、あるいは制限的とならないことを求める（ＧＡＴＴ第二十四条五項(a)号および(b)号、図７も参照）。これはとりわけ関税同盟の場合に問題となりやすい。なぜなら、関税同盟は共通の対外貿易政策をとることを求めるため、参加国によっては関税を引き上げざるを得ない状況を含むためである。例えば、Ｘ製品について二〇％と一〇％という関税率を設定しているＡ国とＢ国とが関税同盟を形成すると、ＷＴＯのルール下では、一〇％に統一しなければならないことになる。二〇％で統一すると、Ｂ国の関税障壁が高くなることを意味する。しかし、何らかの理由で二〇％に統一することもあり得るのであり、それでは、ＷＴＯルールに抵触してしまう。

この点、自由貿易協定であれば、このような問題は生じづらい。しかし、ＦＴＡであっても対外政策を部分的に調和させることは十分考えられるので、協定形成の結果として貿易制限性が高まる可能性はある。

もっとも、関税同盟の形成による貿易障壁の引き上げについても、第二十四条五項(a)号が「全体として」や「全般的な水準」という表現を用いるため、特定の分野で関税の引き上げが生じたとしても、総体として貿易障壁が高度にならなければ問題ないと評価されうる。この関税の全般的な水準の判断に関しては目下のところ、加重平均関税率と徴収された関税の全般的な評価に基づくということが示されている（第二十四条解釈了解第二項）。実のところ、関税は数字の問題のため、全体的な水準が上がったか否かが可視化されやすいが、関税以外の「その他の通商規則」については数量化することが非常に難しい。現行の協定では、「個別の措置、規制、対象産品及び影響を受ける貿易の流れに関する検討が必要とされることがあることを認識する」と述べるのみである（第二十四条解釈了解第二項）。

なお、これらとは別に、WTOの紛争処理手続を通じて（トルコ—繊維製品事件（DS三四））、貿易制限となる措置の導入が認められないとWTO協定整合的な関税同盟が形成できないような場合には、そのような措置の導入が認められるとする基準が示されている。この点を以下説明する。

†トルコ—繊維製品事件

本件は、EU（当時はEC）とトルコの間で関税同盟が締結された際に、トルコが繊維製品に対して輸入数量制限を導入したことを、インドが問題視した事案である。もともと、トルコは繊維製品の数量制限を導入していなかったが、EUとの関税同盟の締結を契機に、EUが導入していた数量制限と「実質的に同一」の通商規則である数量制限を導入することになった。このような背景ゆえに、本件で主たる争点とされたのは、GATT各規定（第十一条など）に違反する当該措置が、GATT第二十四条によって正当化されるか否か

図８　トルコ―繊維製品事件の事実背景

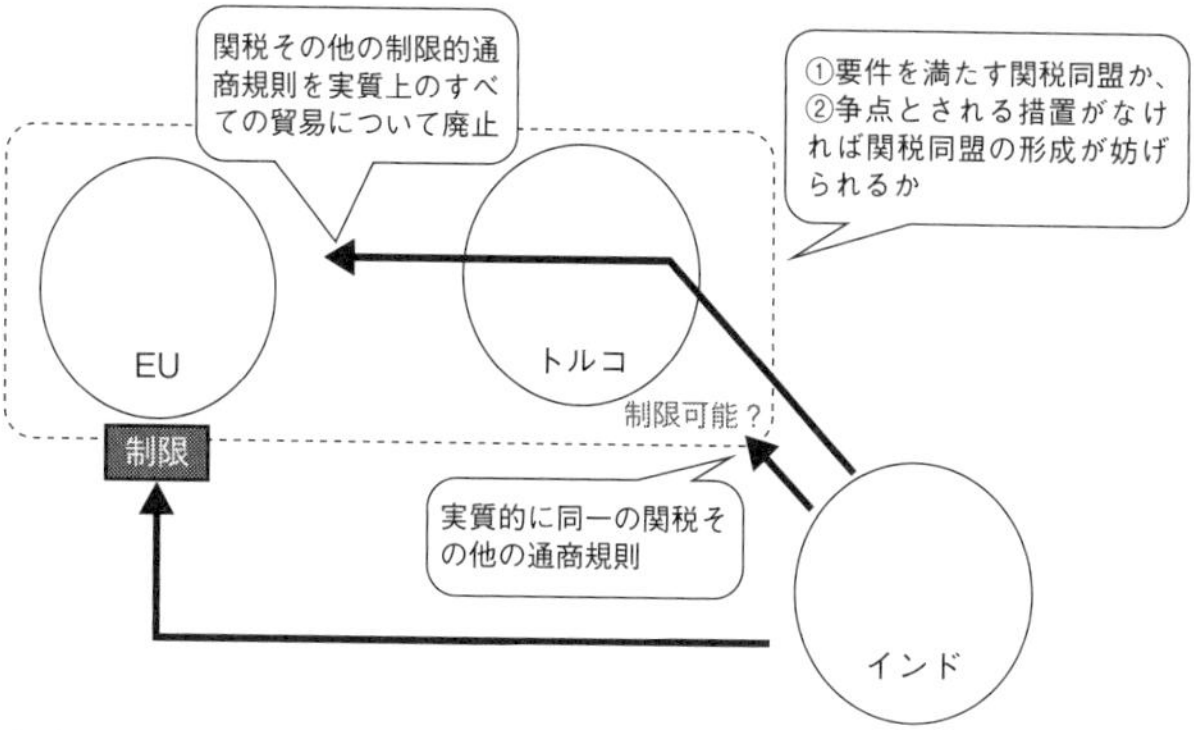

出所：筆者作成

であった。

本件の争点の中心はトルコの第三国への数量制限であるため、対外的関係を規律するＧＡＴＴ第二十四条五項が争点となる。この条項の柱書などを踏まえて上級委は、二つの条件を満たすと他のＧＡＴＴ規定に違反する措置が第二十四条によって正当化されるとした。すなわち、①ＧＡＴＴ第二十四条八項(a)号と同五項(b)号の要件を完全に満たす関税同盟の形成に際して導入されたこと、そして、②争点とされている措置を導入しなければ関税同盟を形成することができないという条件である。上級委は、①については、ＥＣ・トルコ関税同盟を関税同盟としたパネルの仮定は上訴対象とされていないとして判断せず、②についてのみ判断を行った。この点についてトルコは、トルコが数量制限を行わなければ、ＥＵがトルコからの繊維製品の輸入を関税同盟内の自由化対象から外さざるを得ず、かつ、かかる製品はトルコからEUへの輸出の四〇%をも占めることから、関税その他の制限的通商規則を「実質上のすべて」の関税同盟内の貿易について廃止を求める第二十四条八項(a)号(i)が遵守できなくなると反論した。上級委は、例えば、トルコは原産地規則を通じて、EUがトルコ産とインド産の製品を区別できるようにして、前者についてEU市場に自由に輸出できるようにするという合理的な代替策を採用できることから、数量制限の導入がなければ関税同盟の形成が不可能だったとはみなせないと結論づけている。

なお、本件はEUとトルコの間の関税同盟を契機とする争いであったにもかかわらず、インドがトルコのみを相手取って付託した事案であった。そのため、トルコはパネルに対して、EUが参加していない本件申立てを却下すべきと主張したが、パネルは、第三国としての参加さえもしていないEUを、パネル手続に参加させる権限はないと述べた点でも興味深い事例でもあった。

†EIAの設立条件

先で述べたように、サービス貿易分野における貿易協定は、経済統合協定(EIA)と呼ばれ、やはりWTO協定の規律に服することになる。経済統合協定については、GAT

T第二十四条に相当するGATS第五条によって統括されることになり、当該規定に定められた条件を満たすと、WTO上の正当性を得る。基本的には、GATS第五条はGATT第二十四条と対になる規定であるが、いくつか重要な相違点が存在する。

まず、自由貿易協定や関税同盟といった区別はなく、経済統合協定で一本化されている。すなわち、GATSにおいては、GATTでいう関税同盟のような、単一の対外政策を要求する経済統合は想定されていない。また、GATT第二十四条が「関税その他の制限的通商規則」が実質上の全ての締約国間貿易について廃止されていることを求めるのに対して、GATS第五条は「相当な範囲の分野」を対象とすること、そしてそれらの分野において「実質的にすべての差別」が撤廃されることを求めている点も異なる。ここでいう「差別」は、二国間協定の場合には最恵国待遇を意味しえないので一義的には内国民待遇を示すが（実際に当該規定も、内国民待遇規定である第十七条について明記している）、経済統合協定に参加国が複数いる場合には、それらの国の間の平等待遇も含まれることになる。

†開発途上国間のFTA

開発途上国同士のFTAについては、GATT第二十四条ではなく、一九七九年GATT締約国団決定（授権条項）がその設立根拠となりえる。授権条項はGATT第二十四条とは異なり、「実質上のすべての貿易」について関税や制限的通商規則を廃止することを求めないため、関税撤廃率が低くても問題なく、実際に低い協定も見られる。また、途上国間のFTAについては「貿易及び開発に関する委員会」で審査されることとなっている。

サービス分野においても、途上国間の経済統合協定(EIA)について特別な規律が設けられている。GATS第五条三項(a)号によると、途上国が経済統合協定の締約国である場合には、先述した「相当な範囲の分野」や「実質的にすべての差別」が弾力的に適用されることが謳われている。授権条項では、協定締約国間の貿易の自由化の程度については一切触れられていないのに対して、GATSでは、弾力的であっても広範囲での自由化の実現を目指すべき旨を明記している点は注目される。

もっとも、途上国間のFTAであっても、GATT第二十四条を根拠に制定、通報される例は少なくない。これは途上国の間の協定であっても、より市場の開放を目指していることの証として評価される。

†中間協定

いくら二国間や少数国間の協定であったとしても、広範囲の分野にわたって即座に自由化を実現することは難しいため、FTAを段階的に完成させていくことが認められている。

そのような不完全なFTAは「中間協定」とされ、「妥当な期間内」に完成させることが求められると同時に、完成にむけた「計画及び日程を含むもの」でなければならない（GATT第二十四条五項(c)号）。現在は、ここでいう「妥当な期間」は原則的には一〇年とされており、それを超える場合には、WTOの物品の貿易に関する理事会に対して十分な説明を行うことが求められる規則となっている（第二十四条解釈了解第三項）。

他方で、GATT第二十四条五項の文言からは、対外的な要件（FTA参加国以外に対する貿易障壁の水準が引き上げられないこと）については、中間協定であっても即時の遵守が求められると理解される（ただし、第二十四条解釈了解の第二項は中間協定について何も触れないことから、この点は不明瞭とも言える）。なお、GATS第五条一項(b)号でいう「合理的な期間」の期間は明示されていないが、GATT第二十四条の場合と同様に、一〇年が指針となりえる。開発途上国同士のFTAについては、中間協定についての規則は存在しない。

†FTAの要件の遵守状況

FTAが認められるためには前述の要件を充足することが必要なわけであるが、残念ながらこの要件の遵守状況は曖昧である。FTAに関するルールが明確ではないため、仕方ないとも言えよう。

これまで説明してきたように、ＦＴＡが認められるための要件として、ＧＡＴＴ第二十四条八項(a)号および(b)号は、関税に加えて「その他の制限的通商規則」についても、関税同盟やＦＴＡの締約国間で「実質上のすべての貿易について」廃止されることを求める。この点、第二十四条八項は廃止の対象とならない措置を列挙しており、例えば数量制限の禁止（ＧＡＴＴ第十一条）が記載されているため、食糧などの不可欠な産品の危機的な不足のための輸出制限（同条二項(a)号）をＦＴＡ締約国に対しても発動することが認められる。しかしながら、その中には安全保障例外条項（ＧＡＴＴ二十一条）は含められていないので、国家の安全保障上の理由で貿易を制限することを認めているＦＴＡは全てＷＴＯ協定違反ということになってしまう。しかしさすがに、これは不合理であるため、第二十四条八項に列挙されている廃止の対象は例示と理解する必要がある。そうすると今度は、廃止の対象外がどこまで認められるかという指針が失われることになり、ＦＴＡを統括するルールが一層曖昧になるという問題に直面する。

いずれにせよ、確実に言えることは、既存のＦＴＡなどが、協定違反が疑われたとしても、現に存在しており、効力を有しているということである。ひとたび、ＦＴＡや関税同盟を組成すると、それがＷＴＯ協定違反であったとしても、後に解体することは難しい。よって、個別の措置でＦＴＡの存在を根拠とした差別的な適用が問題視されたとしても、

ＦＴＡそれ自体が根本的に成立要件を満たしているかという点について厳しく審査する体制には、現体制下ではなりにくいのが実情である。

だからといって、ＷＴＯのルールは全く効果的ではないというわけでもない。何らかの機会に、締結されたＦＴＡのＷＴＯ協定整合性がＷＴＯの場で検証されることはあり得るのであり、規範として一定の効果を有していることは事実である。実際に、後で論ずる日米貿易協定の第一段階の協定が締結された際も、貿易政策検討（ＴＰＲ）時にＷＴＯ協定整合性についての質問が示されていた（詳しくは本書第4章参照）。効果的に機能しているとまでは言えないかもしれないが、恣意的な貿易協定の成立に対する抑止として一定の役割を果たしてはいる。

†ＦＴＡの要件の改善の試み

ＷＴＯにおけるＦＴＡなどに関連する規定が曖昧なことを受けて、ドーハ・ラウンド交渉では規律を明確なものとするために交渉が重ねられている。本書で解説してきた要件との関係では、ＧＡＴＴ第二十四条八項でいう「実質上のすべての貿易」を充足しているか否かをどのように判断するのか、中間協定が認められる「妥当な期間内」について、どのような場合にその目安である一〇年を超えることが認められるのかといった点が議論されている。

残念ながらこれらについての交渉は顕著な成果を得られていないが、FTAなどに関するドーハ・ラウンド交渉の一つの成果としては、二〇〇六年に採択された透明性メカニズムがある。このメカニズムの下では、FTAなどの新規交渉に参加する加盟国にはWTOへの早期通報の努力、および、協定の適用前の関連情報の通報が求められる。あるいは、CRTAについては、通報後一年以内に検討を完了することを原則とすることが記されている。このメカニズムは、現在は暫定適用となっているが、二〇一五年の第一〇回閣僚会議(ケニア・ナイロビ)にて、恒久的な制度とするために継続的に取り組むことが確認されている。

2 FTAの存在意義の増加

前節では、FTAの内容やWTO協定との関係について論じた。本節では、増えつつあるFTAがどのような意味を持つのか、そして今後はどのように発展していくことが望まれるのか検討してみたい。

†FTAは「悪」か？

WTOはその発足後しばらくは良く機能していたこともあり、FTAに対しては否定的な見解が多かった。否定的な論者は、FTAは多国間枠組に対する「躓きの石（stumbling block）」になるなどと論じた（対比的に、肯定的な見解は「踏み石（stepping stone）」などと表現される）。否定的に言われる理由は、FTAの次のような欠点による。

第一に、FTAが増大し重要性が増すことにより、多くの国がWTOを顧みなくなるという懸念である。特定の利害関係が一致しやすい国とだけ交渉を行えばよいFTAと比べて、WTOは全ての国を説得しなければならないため、各国の思惑通りに事が進むことはわずかである。このような状況では、各国は主な資源をFTA交渉へと投入することになり、ますますWTOが軽視される事態を招くことになる。

第二が、力関係の格差に基づいて合意されたFTAルールのWTO協定への負の影響である。強国であってもコンセンサスの形成に苦慮するWTOと異なり、FTA交渉においては強国の主張が通りやすい。そのため、WTOにおけるルールを無効化するような合意を強国が要求すれば、そのままFTAに含まれることもありえる。このようなルールは一般的にはWTOマイナスと表現されたりするが、このような規定が増えることになれば、

ＷＴＯの意義が形骸化していくことになる。

第三が、第一と第二の欠点の帰結ともいえるＦＴＡの「バルカン化」の発生である。つまり、各国は自国にとって都合の良い相手国とのみ、自己が理想とする協定を締結させ、ＷＴＯを顧みない状態が持続することによって、ブロック化が生じ、その中での選好が固定化されてしまう恐れがある。その結果、ＷＴＯの交渉の場において、各国は締結済みのＦＴＡの内容をＷＴＯの原則にしようとする力が強く働き、交渉の妥結がさらに実現されづらい状況となる。

このように見ていくと、ＦＴＡはＷＴＯが目指してきた多角的な貿易の発展に逆行するものであり、まさに「悪」ということになろう。

†ＦＴＡの利点

反対に、ＦＴＡに、ＷＴＯには見られない付加価値があるということになれば、ＦＴＡには存在意義が生まれ、ひいてはＷＴＯにとってもメリットを生むということになる。前節では、貿易創出効果が転換効果を上回る（つまり自由化が促進される）という利点について論じたため、ここではそれ以外の利点について論じたい。

第一に、ＦＴＡはＷＴＯよりも詳細で広範な規律を導入できる。これは先ほどのＷＴＯ

マイナスの反対で、WTOプラス、あるいは、WTOエキストラと呼ばれたりする。一般的には、WTOプラスはWTO協定において規定が存在するものについて、FTAにおいてさらに深化させて定めた規定を指す。例えば、WTOの補助金協定において設けられている補助金の通報（公表）の制度を、より広範で詳細に行うことを求めるような場合が該当する。それに対して、WTOエキストラとは、WTO協定には定められていない規定や約束を追加する場合を指す。第4章で詳しく論じるが、国有企業規制や貿易に関連する労働問題（「貿易と労働」問題）といったWTO協定では十分に対処できていない論点も含めるような場合が該当する。これらWTOに追加的な義務を入れることで、WTOを超えた規律を形成することができ、FTAを将来のWTOのルール形成のための「実験の場」として利用することもできる。WTOにおけるルール・メイキングの停滞が顕著な現状においては、FTAにおけるルール作りは重要となってくる。

第二が、最恵国待遇の回避である。たしかに、これはFTAの問題点ではあるが（だからこそFTAは例外とされる）、他方で、最恵国待遇に服さなくて良い点は利点としても活かすことができる。これまでWTO加盟国はGATT期より継続的に関税を削減してきており、今日、関税が残されている品目は譲歩しづらいセンシティブな品目であることが多い。このようなセンシティブな品目の関税をさらに引き下げる場合には、最恵国待遇がかえって足かせになる可能性がある。ひとたび、関税を引き下げてしまうと、全ての国にその恩恵が波及してしまうためである。そのような状況下で、センシティブな品目について、FTAを通じて、特定の国にのみ市場を開放することであれば認めることができる国もあろう。そして、特定国にのみ市場を開放し、その間に、より広範な市場開放のために備えることは可能である。この点に関して、FTA締約国間で協力体制を構築するなど、柔軟に対応することも考えられる。このような、特定の国に対してのみ譲許可能とする発想は、関税だけでなくサービス分野や非関税障壁等についてもあてはまる。

第三が、WTOへの一極依存の緩和である。これは紛争処理の文脈でとくに指摘できる点であるが、二国間や地域的な貿易上の紛争は多くがWTOへと持ち込まれる傾向がある。その背景には、WTOの紛争処理手続が制度的に整備されていることや、他国を巻き込むことで解決の可能性が高まるということがある。しかし他方で、それは過度にWTOのシステムに負担を課すことにもなる。そのような中で、二国間や地域的な問題にFTAで対処できる分散型システムが構築されれば、ルール運用の効率性の改善が期待されることになる。

†FTAの是非から共存へ

以上のように、FTAにはプラスとマイナスの両側面があり、どちらが大きいかは一概に言えない。FTAで取り扱われるテーマの範囲が多岐にわたるようになり、また、多くの国が多様な協定を結ぶようになっている現状ではなおさらである。しかし、ある程度の確実性をもって言えることは、FTAは利点を有しているのであり、また、FTAが増えている現状を無視してFTAを「悪」として否定だけする議論は実益性に乏しいということである。その意味では、今後は、FTAは「善」か「悪」かという二分論ではなく、いかにWTOや国際的な自由貿易の発展に寄与する「善」としていくかという段階に入っていると言えよう。もちろん、この命題の実現も決して簡単なものではないが。

†FTAの利点の拡散

ただし、前述したFTAの利点は、それが拡散（多数国間化）されていくことが必要とされる。最恵国待遇を回避できるという理由からFTAを締結し、特定の国にのみセンシティブな産品を開放しても、市場開放の恩恵が国際的に広がることにはならない。FTA締約に伴う貿易転換効果は回避できないので、そのような効果を軽減するためにも、FTAの利益を多数国間化する努力は必要となろう。

この点につき、特定のルールを国内で形成することの約束は、仮にFTAにおいて行われたとしても、多数国間化しやすい。例えば、競争法の整備を要求する条項がＦＴＡに挿入されれば、競争法の整備による恩恵はＦＴＡ参加国を超えて波及する可能性がある。ＦＴＡにおいて国内法の整備を要求する規定が多く含まれるため、ＦＴＡの利益が締約国外にも及びやすくなっている。

また、ＦＴＡ（二国間協定）の欠点は、協定が複数国間化（三ヵ国以上が参加）すると軽減されやすい。複数国間で形成された合意であれば、二国間協定と比べて締約国間の力関係の格差の問題は生じづらい。加えて、複数国間の合意内容をＷＴＯにおけるルールとして導入しようとしたときに賛同を得やすいと期待できるため、複数国間ＦＴＡの締結段階からＷＴＯを意識した行動となる可能性が高まる。このように考えると、二国間協定よりも複数国間協定はメリットが大きい（合意が形成できるのであれば）と思われる。とはいえ、複数国間協定であっても非参加国への貿易転換効果は存在し（より大きくなる可能性がある）、ＷＴＯ交渉への人材・資源の配分が減少するという問題も残ることには注意が必要であろう。

†ＦＴＡの複数国間化とメガＦＴＡの出現

以上で論じたような複数国間ＦＴＡの利点を受けて、そのような形式のＦＴＡの締結数

表7　主なメガFTA

交渉開始	署名	発効	参加国
CPTPP	2018年3月	2018年12月	日本、カナダなど11カ国
日EU・EPA	2018年7月	2019年2月	日本、EU
RCEP	2020年11月		日本、中国など15カ国
TTIP	（2016年10月で交渉ストップ）		米国、EU
USMCA	2018年11月	2020年7月	米国、メキシコ、カナダ
EU・メルコスール貿易協定	（2019年6月大筋合意）		EU、メルコスール

出所：筆者作成

も蓄積されつつある。近年は、複数国間の協定がカバーする経済範囲が拡大し大規模化する傾向を踏まえて、それらを「メガＦＴＡ」と呼ぶことも多い。ＣＰＴＰＰやＲＣＥＰはその表現が用いられる典型例として挙げられる。また、「メガＦＴＡ」には、二国間であっても大規模経済国間ＦＴＡであるＴＴＩＰ（環大西洋貿易投資パートナーシップ）や日ＥＵ・ＥＰＡが含まれることも多い。本書では、これらメガＦＴＡのうち、日本が当事国となっているＣＰＴＰＰ、ＲＣＥＰ、そして日ＥＵ・ＥＰＡを第4章で取り上げる。ＴＴＩＰについては、本章第3節のＥＵのＦＴＡ政策の中で簡潔に触れる。

　先の段落で取り上げた四つの協定の後に交渉が行われた協定でメガＦＴＡに分類されうるのが、ＵＳＭＣＡであり、二〇一九年六月に大筋合意が形成されたＥＵ・南米南部共同市場（メルコスール）貿易協定であろう。ともに、広域性、経済規模の観点でメガＦＴＡといえ、今後の各国のＦＴＡ政策に大きな影響を与えるものと予想される。本書では、ＵＳＭＣＡについては本章第3節の米国のＦＴＡ政策で簡単に取り上げる。なお、メガＦＴＡと呼ぶかは別として、経済規模の大きい国同士の協定として注目されるのは、日米貿易協定や米中経済・貿易協定である。これらについても、前者は第4章にて、後者は本章第3節の米国のＦＴＡ政策の中で取り上げる。

3　各国のＦＴＡ政策の状況と特徴

増加傾向を見せるＦＴＡについては、各国の政策に特徴が見られる。そこで、本節では、国際的なＦＴＡの展開に大きな影響を及ぼしている三地域――ＥＵ、米国、アジア――を取り上げて説明する。なお、日本のＦＴＡ政策については別途、第4章にて論じる。

†ＥＵのＦＴＡ政策とＴＴＩＰ

まず、世界で最もＦＴＡに積極的と位置づけられるＥＵのＦＴＡ政策から説明する。ＥＵについては、ＥＵそれ自体が関税同盟である。現在のＥＵは経済学的には、共同市場の創設に成功し、経済同盟の形成に近い段階にまで到達しているため、単純に関税同盟と位置づけることには違和感を覚えるかもしれないが、ＷＴＯ協定上は関税同盟となる。他方で、ＥＵは、個々のＥＵ加盟国に加えてＥＵそれ自体がＷＴＯ「加盟国」であり、ＷＴＯにおいて唯一「加盟国」に含まれている関税同盟でもある（ＷＴＯ設立協定第十一条一項）。

ＥＵは二〇二一年一月現在、四四件のＦＴＡおよび関税同盟をＥＵとして締結しており、数ではＷＴＯ加盟国で最多となっている。とりわけ、近隣諸国との締結数が多く、ＥＦＴＡ諸国（スイス以外）との間ではＥＥＡ（欧州経済領域）を、トルコとの間では関税同盟を締結している。ＥＵ英国間の通商・協力協定も二〇二一年一月にＷＴＯに通報されている。それ以外にも、南東欧・東方諸国、地中海諸国との協定の締結数も多い。それらの協定は、安定化・連合協定や連合協定と名付けられているが、ＷＴＯ協定上はＦＴＡやＥＩＡに分類される。

他方で、近年は近隣諸国以外とのＦＴＡの締結数を増やしており、カナダ（ＣＥＴＡ）や、アジア諸国（韓国、シンガポール、日本、ベトナム）が締結済みで、メルコスールとは大筋合意が形成されている。今後は、豪州との締結が見込まれている。また、メキシコとの間においても二〇〇〇年にＦＴＡが発効しているが、リニューアル交渉を経た協定が大枠合意に至っている。

このように、ＥＵはＦＴＡを積極的に進めているのであるが、実際には、ＦＴＡカバー率はさほど高くはない。ＦＴＡカバー率とは、その国の貿易総額におけるＦＴＡ締約相手

図9　主要国・地域の発効済みFTAカバー率の推移

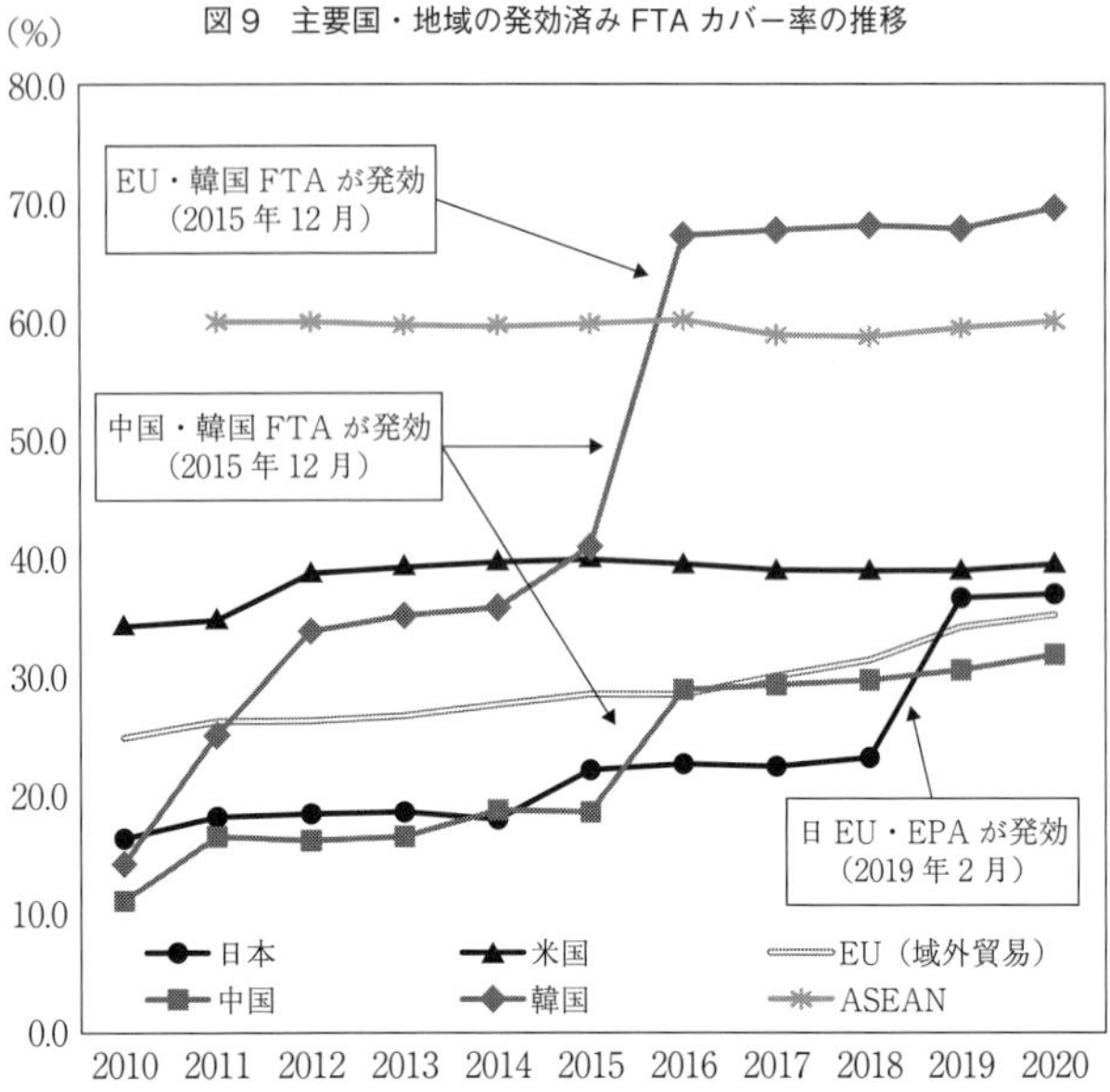

（注）FTAカバー率は各年の6月末時点での数字。金額は前年の貿易統計に基づく。また、日本のカバー率には米国が、中国のカバー率には香港とマカオが、ASEANのカバー率には香港が含まれていない。CPTPPについては、批准国のみがカバー率の算定に含められている。
出所：ジェトロ（2020）p. 96

国との貿易額が、貿易総額に占める割合を示す数値であり、日本貿易振興機構（ジェトロ）の試算によると、EUは三五％ほどである（図9参照）。これは、米国、中国、ロシアといった主要な貿易相手国との間にFTAを締結できていないことに起因する。

ここで、FTA未締結国の中でも重要な米国との関係について簡潔に説明する。EUと米国の間には、環大西洋貿易投資パートナーシップ（TTIP）協定の締結に向けた交渉が行われた過去がある。当該協定は二〇一三年七月に交渉が開始され、二〇一六年一〇月までに一五回もの会合が行われていた。しかし、トランプ政権樹立後は交渉が進められていない。

およそ三年間進められたTTIP交渉では、主に二七の項目についての議論が重ねられ、ある程度の進捗は見られていた。二〇一六年四月に欧州委員会が公表した資料では、その時点でEUと米国の双方の条文草案の統合作業が一定程度進んだと分類されている項目が四項目存在しており、具体的には、競争、税関および貿易円滑化、中小企業、国家間紛争処理が記されている。他方で、ジェトロの報告書によると、交渉が進展していない分野として、公共調達（政府調達）や地理的表示、投資家対国家の紛争処理の問題があげられている。これら隔たりの大きかった分野のうち、地理的表示や投資家対国家の紛争処理については、後述の日EU・EPAの解説の中で説明するので、ここでは、政府調達の問題について簡単に触れる。

TTIPの政府調達交渉における衝突の背景には大きく二つの争点があったとされる。第一が、米国の地方政府レベルでの調達市場の開放である。EUは米国に対して州政府機関などの調達の開放を迫ったが、米国の抵抗は強く、実現されなかった。米国は、例えば米国・コロンビアTPAにおいては、政府調達規律の対象となる政府機関を指定する州の数を、WTOの政府調達協定の数から大幅に減らしているように、州政府機関を国際的な調達規律の対象とすることに強い抵抗感を有していたのである。そして第二が、米国のバイアメリカン関連法令の緩和である。当該法令は、その名が示す通り、連邦政府による調達やインフラ事業の実施に際して米国産品を優遇する政策の総称である。関連法令の一部は、WTO政府調達協定の締約国や米国とFTAを締結している国からの特定の産品やサービスに対しては適用除外とできるものの、EUを含む多くの国はその全般的な保護主義的効果を懸念していた。最終的に、州政府レベルでの調達市場の開放も、バイアメリカン関連法令の緩和も実現できず、TTIP交渉は暗礁に乗り上げてしまう。

なお、トランプ政権下では、米欧間の貿易に関して、二〇一八年七月に関税の引き下げなどに向けた取り組みの開始が合意されたが、二〇二〇年八月のロブスターや調製食料品などにおける関税の最恵国待遇ベースでの削減の合意など、限られた成果しかあげられていない。

†米国のFTA政策とUSMCA、米中経済・貿易協定

EUと比べると、米国のFTAの締結数は多くない。初期のFTAの一例が米国・カナダFTAであり、後に、メキシコを加えた北米自由貿易協定（NAFTA）へと展開してい

る。そしてその後、中南米諸国やカリブ海諸国を含めた米州自由貿易地域（FTAA）構想が示されるが、これについては、米国とブラジルの間の意見の相違などを埋められず、実現に至っていない。その他で米国が初期に締結した協定としては、イスラエル、ヨルダン、シンガポール、チリなどの国との間の協定がある。相手国の顔ぶれからもわかるように、米国にとってFTAは経済よりも、政治的に重要な相手国が選ばれていた面がある（NAFTAにおけるメキシコでさえ、当時のメキシコの親米政権を、FTAを通じて支援しようとする政治的意図があったとされる）。

そのような中、よりFTAの締結を加速させたのが二〇〇一年以降のジョージ・W・ブッシュ政権である。同政権は、「競争的自由化」戦略に沿って、八年間で九件一四カ国との締結（署名）に成功している。また、二〇〇七年には、「五月一〇日合意」と呼ばれる超党派合意が形成され、これに伴い労働条項や環境条項についての執行力が拡充するなどの特徴的な動きもみられた（米国・ペルーTPA）。しかしながら、興味深いことに、米国のFTAの締結数はさほど伸びておらず、WTOによると、締結件数でベストテンに米国は含まれていない（後掲図11参照）。これは実は、オバマ政権下でTPP以外のFTAを進められなかったことが影響している。オバマ政権下では、パナマ、コロンビア、韓国の三つの協定については、一度署名がされた後に、協定に関連する問題が残存している（相手国の労働法制などに）として再交渉が行われたのである。また、米国の協定については、決して経済規模の大きいとは言えない国とばかりの協定となっており、ＦＴＡカバー率も四〇％弱に留まる（前掲図９参照）。

このようなことから、ＴＰＰは米国にとっても重要な協定であり、当該枠組に留まっていればアジア太平洋地域の多くの国と、とりわけ日本という大規模経済国とＦＴＡを締結できる可能性があった。しかし、二〇一七年一月にトランプ政権が樹立すると、同政権は公約どおり迅速にＴＰＰから離脱した。その後、復帰をにおわす発言はたびたび行われたものの、結局のところ、復帰どころか、それに向けた交渉なども行われなかった。

ＴＰＰから離脱したトランプ政権が取り組んだＦＴＡ政策で最も顕著な成果がＵＳＭＣＡと呼ばれる米国・メキシコ・カナダの三国間の貿易協定である。これは先で述べたＮＡＦＴＡの改定版である。もっとも、このＵＳＭＣＡで注目されるのは、多くの規定がＴＰＰを基礎としている点である。ＴＰＰはそもそも米国の影響が大きかったこと、ＵＳＭＣＡに参加しているメキシコもカナダもともにＴＰＰ参加国であることが、協定内容が近似することになった背景にある。このようにＵＳＭＣＡでＴＰＰの内容の多くが採用されたことは、実質的にはＴＰＰが米国によっても支持されているものであり、今後はＴＰＰをモデルとするＦＴＡが増えることを示唆する。その意味では、米国がＴＰＰから離脱した

図10　第1段階の合意に含まれる産品についての2020年米国輸出量（米国の輸出統計に基づく）

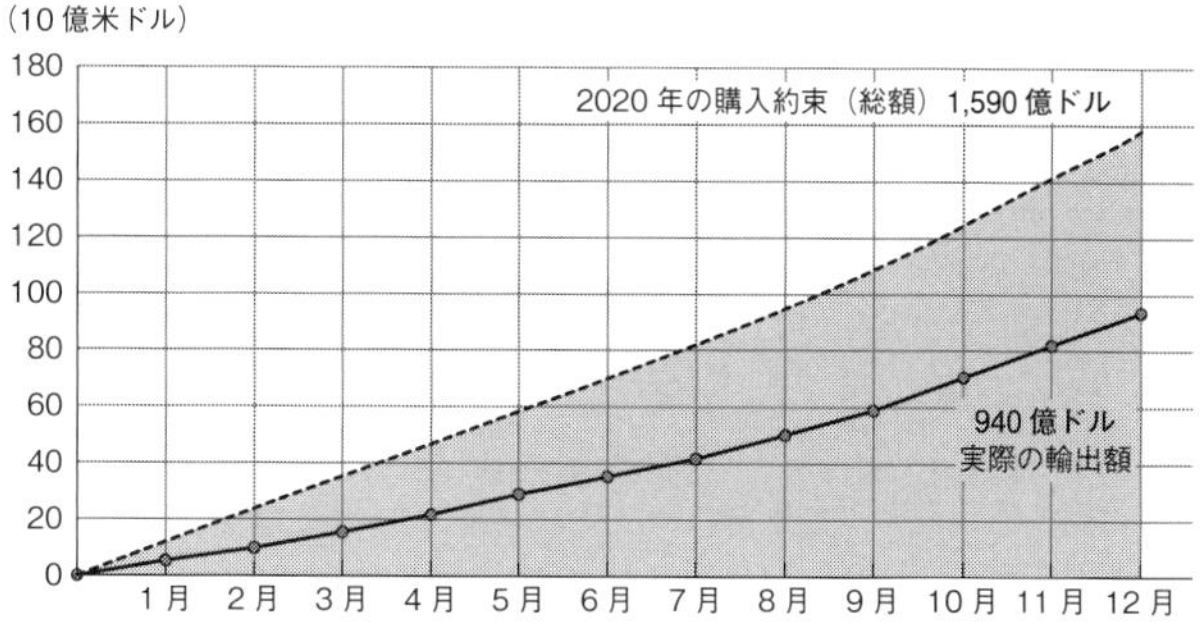

出所：Bown（2021）

としても、ＴＰＰの存在意義は米国にとって依然として重要と言えよう。

その後、トランプ政権が実現した通商政策上の成果としては、二〇二〇年一月に発効した日米貿易協定および日米デジタル貿易協定、同年二月発効の米中経済・貿易協定がある。日米間の協定については、次章の第5節で論ずるとして、ここでは簡潔に米中経済・貿易協定の内容について説明する。同協定は、本書執筆時点（二〇二一年三月）では、第一段階の協定が締結されている状態にあり、その内容は、①知的財産、②技術移転、③食品および農産品の貿易、④金融サービス、⑤マクロ経済政策、為替レート問題および透明性、⑥貿易の拡大、⑦二国間での評価および紛争処理、⑧最終規定の計八章から構成されている。このうち、第六章「貿易の拡大」が最も注目の的となった。この章で、中国が片務的に相当程度の義務を負うとされているためである。具体的には、中国は米国から附属書六・一記載の物品およびサービスについて、二〇二〇年一月一日からの二年間で、米国からの輸入を二〇一七年比二千億米ドル以上拡大させることが要求された（第六・二条）。しかしながら、二〇二〇年一二月までのデータでは、予定通りは進んでいないという結果が出ている（図10参照、データは物品のみ）。

これらの流れがある米国のFTA政策について、二〇二一年一月に発足したバイデン政権は、どのような政策をとっていくのであろうか。

†アジア諸国のFTA政策

アジア諸国の動向については中国から説明する。中国は二〇〇一年のWTO加盟後間もない頃からFTAの締結を推進するようになる。加盟後に最初に協定を結んだのが、ASEANとの「包括的経済協力枠組協定」（二〇〇二年署名）とその後の物品貿易協定（二〇〇四年署名）であり、以降、香港やマカオ、さらには、コスタリカやアイスランドなどとも協定を締結している。FTAを政治的な意図から締結しているという点は中国も同様であり、ASEANとの協定は中国に対する警戒感を緩和するため、コスタリカとは同国が台湾と国交を断絶したことを受けて、アイスランドとは北極圏での資源開発を有利にすることなどが目的であったと指摘されている。なお、中国が締結しているFTAは、ASEANとの協定以外の開発途上国との間の協定の全てがGATT第二十四条を根拠に通報されている（授権条項に基づいた途上国間FTAとしてではなく）点は注目される。

アジア諸国で最もFTA政策に積極的なのがシンガポールである。シンガポールは、米国、EU、日本、中国と主だった経済大国と既に個別にFTAを締結しているうえ、ASEANを通じたFTAも締結している。さらに、CPTPPやRCEPなどのメガFTAにも参加している。このような状況ゆえに、FTAの締結件数も上位にあり（図11参照）、かつ、FTAカバー率は九〇％を超えている。

図11　FTAの締結件数上位国

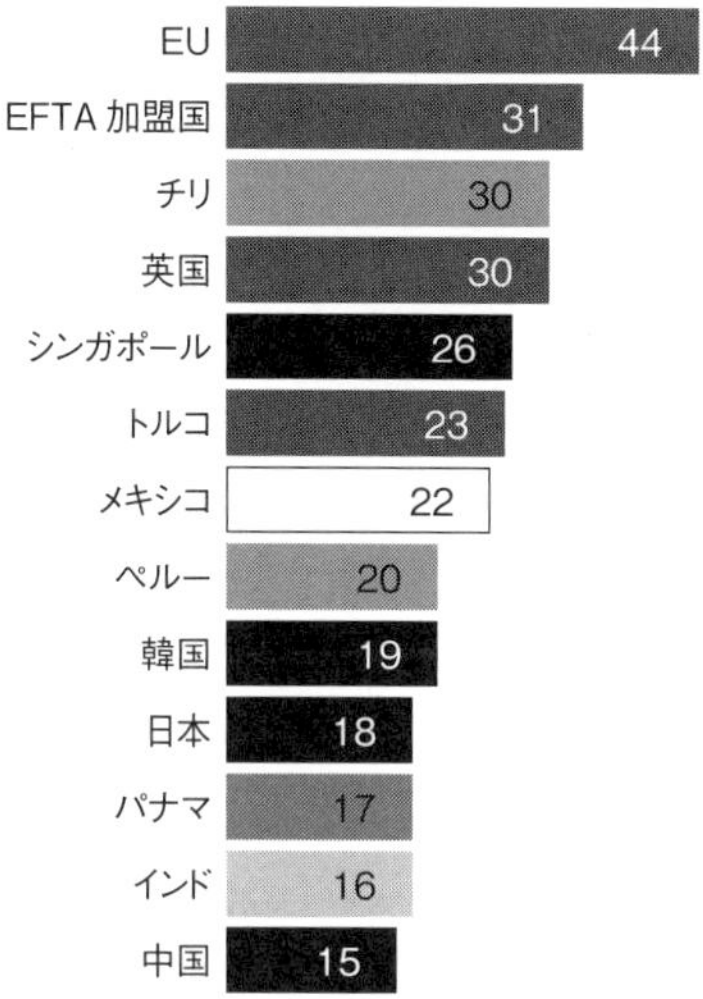

出所：WTO（2021）

同様に、韓国もFTAの締結には積極的であり、締結件数自体では日本を上回る（図11参照）。韓国のFTA政策は二〇〇三年の「FTAロードマップ」に始まり（二〇〇四年補完）、大統領直轄の下、「同時多発的」にFTAを推進してきたところに特徴がある。米国、EU、中国といった主要貿易相手国とは協定をすでに締結しており、急ピッチでFTAを拡充させてきた。そのため、FTAカバー率は七〇%ほどにまで上る（図9参照）。このような韓国の積極姿勢は、日本の産業界にとっても輸出機会を失うことへの焦燥感を生み、日本のFTA政策にも大きな影響を与えてきた。

そして、アジア地域に関して注目されるのは、ASEANの動向である。ASEAN諸国については、各加盟国が個別にFTAを締結する例が多いが、ASEANとして締結している協定数が増えてきている点も特徴的である。日本、韓国、中国、インド、香港と締結しており、豪州とニュージーランドとは三者間協定を締結している。これら、ASEANが個別に各国とFTAを締結していることが、RCEPの礎となった（第4章第4節参照）。

4 FTAにおける紛争処理制度とWTO

†FTAにおける紛争処理制度

ＦＴＡが締結されると、ほとんどの場合、ＦＴＡ規定をめぐる紛争に対処するための紛争処理制度も設けられる。二国間ＦＴＡにおいてはＷＴＯの紛争処理制度をモデルとした制度が導入されることが多いが、関税同盟などでは、より裁判制度に近い紛争処理手続が設けられる傾向が見られる。その最たる例が、ＥＵのＥＵ司法裁判所であるが、アンデス共同体のアンデス仲裁裁判所やカリブ共同体のカリブ司法裁判所なども「裁判モデル」と分類される。ＥＦＴＡも、欧州経済領域（ＥＥＡ）体制の下でＥＦＴＡ裁判所を設置している。

近年のＦＴＡの締結数の増加に伴い、ＦＴＡにおける紛争処理制度も増加しており、それがＷＴＯの紛争処理制度とどのような関係をもつのかが問題となりつつある。具体的には次の二点を取り上げたい。第一が、ＷＴＯ協定にもＦＴＡにも違反するような紛争が生じた場合に、ＷＴＯに紛争の解決を付託するのか、それともＦＴＡに付託するのかという点（フォーラム・ショッピング、法廷地漁りと呼ばれる問題）である。第二が、ＷＴＯおよびＦＴＡの紛争処理手続において示された協定の解釈が相互にどのような影響を与えるのかという点である。ＷＴＯ協定とＦＴＡの規定の内容は類似することが多い。そのため、それぞれの協定の解釈が、他の協定の解釈にどのような影響を与えるのか問題となる。以下では、これらを順に論じる。

†フォーラム・ショッピング問題

フォーラム・ショッピング問題がもっとも顕在化しやすいのが、WTOにもFTAにも類似のルールが設けられているような状況で、ある国の貿易関連措置がそれらの両方に違反する場合である（二重の違反）。例えば、ある国が特定の製品の輸入数量制限を行うと、WTO協定（GATT第十一条）に違反しつつ、FTAにおける輸入数量制限を禁止する規定にも違反する可能性がある。その場合に、被害を受ける国は紛争をWTOへ付託することも、FTAへ付託することも選択肢となる。

被害を受けた国がどこの紛争処理制度に付託するかはその国の都合に合わせて決定すればよいので、WTOとFTAのそれぞれに付託できることそれ自体は問題ではない。ただし、仮にFTAの紛争処理制度の方がより被害国にとって有利な結果を得られるということがあれば、WTOではなくFTAに付託されることになり、WTOの存在意義を減ずる可能性はある。とりわけ、WTO協定において厳格に解釈されてきた条文が、FTAの類似の条文では寛大に解釈されることになれば、WTOの紛争処理制度のそれまでの取り組みが骨抜きにされる危険性も生まれる。

しかし、より深刻な問題は、セカンドチャンスが与えられることであろう。つまり、最初にWTOに紛争を付託して敗訴した国が、FTAに同じ紛争を付託したところ、今度は勝訴するということはありうる。FTAにおける紛争処理組織の判断はWTOの判断を覆すわけではないため、紛争当事国はそれぞれ自分に都合の良い判断に依拠することになり、結局のところ、紛争処理手続に多大なコストをかけたにもかかわらず、紛争が解決しない事態が生じうる。具体例として、ある国の数量制限によって輸出機会を失った輸出国が、かかる制限がWTO協定違反であるとしてWTOの手続に付託したとする。その結果、数量違反は認定されたものの、動植物の保護に必要な措置であるとして正当性が認められたとする。この内容に不服な輸出国が、今度はFTAの紛争処理制度に付託したところ、動植物の保護に貢献するような措置ではないと認定されて、数量制限の違反性が認定されたとする。輸出国はFTAの紛争処理制度の判断に依拠し、輸入国側はWTOにおける判断に依拠するであろう。結局、二つの異なる判断が都合よく使われることになる。これが、紛争処理制度が乱立することによる弊害である。

そこで、このような問題を解決するために、各FTAは、二度目の付託の機会を制限する規定を設けるようになっている。例えばCPTPP（TPP）は、第二十八・四条一項にて、協定の締約国が紛争を解決するための「場」を自由に選択できることを規定する一方で、二項で、いずれかの協定下で手続を開始した場合には、別の場を利用してはならないと規定する。ただし、この規定は非常に概略的で、どこまでの範囲で付託が禁止されるのかが不透明な規定となっている。特に、WTOで争われる紛争と、各FTAで争われる紛争は、適用される協定が異なるため、同一の紛争ではないとして、セカンドチャンスが認められる可能性がある。

この点についてより明確に規定する協定もある。日EU・EPAを例に挙げると、同協定は、「特定の措置」について紛争処理の場を選択した場合に、その「特定の措置」に関して別の場で手続を開始することを禁じている（第二十一・二十七条二項）。ここでは「特定の措置」と明記されているため、適用される協定が異なるなどの事情があったとしても、同一の「特定の措置」を対象とする限り、二度目の機会は排除されることになる（ただし、WTOの紛争処理において、かかるFTA条項の存在によりWTO手続の管轄権が実際に否定されるかについては確定的な見解は示されていない）。

また、セカンドチャンス問題を緩和できる別の手段が、FTAに設けられる調和解釈の規定である。日EU・EPAを再び例に挙げると、同協定は、同協定に基づいて設置されるパネルは、「紛争解決機関によって採択される小委員会及び上級委員会の報告における関連する解釈を考慮に入れる」と規定する（第二十一・十六条）。これは、FTAのパネルが協定規定を解釈する際に、WTOにおける先例を考慮することを求める規定であり、これにより、WTOにおける解釈がFTAにおいても継承され、解釈の一貫性が実現されやすくなる。

なお、近年は、さらに進んで、あるFTAにおける条文の解釈と別のFTAにおける類似の規定の解釈との関係も注目されつつある。例えば、ドミニカ共和国・中米・米国FTA（CAFTA－DR）における解釈は、類似の規定を設ける他の協定（CPTPPなど）においても少なからず影響しうる。この点については、第4章第2節でも触れるが、FTAが増加することは、このような点に対する関心も高める。

†FTAがWTO協定の解釈に与える影響

ここまでFTAが、WTOと重複する関係においてどのように対処しているかということに主に焦点を当ててきたが、逆に、WTOの紛争処理制度は、FTAの紛争処理制度の増加や発達に伴って何か影響を受けるのであろうか。真っ先に考えられる論点が、WTOの紛争処理手続の中で、FTAの規定内容や紛争処理手続における判断が考慮されることはあるのか、という点である。

まず前提として、WTOではFTA規定を根拠に紛争を開始することはできない。これは、WTO紛争処理制度に付託できるのは「対象協定」とされるWTOの各協定に従って提起される紛争に限定されることに基づく(DSU第一条一項)。よって、想起される問題は、FTA規定などはWTO協定規定の解釈において考慮されることになるかという点である。

そしてこの問題は、参照されるFTA規定がWTOプラスないしエキストラ規定か、WTOマイナス規定かで議論が若干異なる。先にWTOプラスないしエキストラ規定から説明すると、これは考慮される余地が比較的大きいと思われる。ただし、実際に考慮される場合は、それはFTAとしてよりもむしろ、国際的な概念の一部、あるいは、事実として考慮される可能性が高い。

例を挙げてみる。あるFTAにおいて動物福祉に適わない製造方法を経た畜産品の輸入制限を認めるWTOエキストラ規定が設けられたとして、それを根拠にWTOにおいても輸入制限を認めるように協定を解釈すべきかが問題になったとする。その場合、おそらく関連するWTO協定規定の解釈において、動物福祉における様々な国際的動向を参照しつつ解釈する形になると推測される。例えば、GATT第二十条(a)号の解釈において、FTA規定に見られるように国際的に動物福祉について関心が高まっているということを背景に、「公徳の保護」の内容として動物福祉を考慮するという論理である。もっとも、実際問題として、WTOエキストラ規定が大きな争点となるような事例は、FTA規定についての直接な争点としてＦＴＡの紛争処理制度に付託されることになることが多いと予想されることから、ＷＴＯ協定の解釈においてＦＴＡ規定が決定的な役割を果たす場面は限られると思われる。とはいえ、この問題は今後、様々な形で表面化しうるため、議論を深めていく必要があろう。

反対に、ＷＴＯマイナス規定の場合はどうか。これは、ＷＴＯ規定の効果を減ずることになるため、考慮されない可能性が高い。ＦＴＡ規定の内容が直接的にＷＴＯ規定に反するような場合においてはなおさらと言えよう。ペルー―農業産品事件（ＤＳ四五七）で上級委は、ＷＴＯ協定の文言が明確な状況下で、ＦＴＡを考慮することでその意味内容を変えるようなことは認められないと判断している。このような解釈は、ＷＴＯ規定が簡単にＦＴＡによって骨抜きにされることを防止できる。とはいえ、ＷＴＯマイナス規定であっても、相当数のＦＴＡでそのような規定が導入されることになれば、ＷＴＯの紛争処理においても考慮しないといけない場面が生ずるかもしれない。ＦＴＡに体現される貿易政策の変化に伴い、ＷＴＯにおいても変化が求められることは十分に考えられる。

第 4 章

日本のFTA政策と日本が参加する協定

テレビ会議方式で開催されたRCEP協定署名式(2020年11月15日)

1　日本のＦＴＡ政策

日本は、かつてはＦＴＡには消極的であったが、一九九〇年代後半から交渉を加速させるようになり、現在は、積極的と言えるまでになっている。これまでに一八件もの協定が締結されており（ＷＴＯ通報件数）、締結件数だけで言えば世界第一〇位となっている（前掲図11参照）。日本は、「自由貿易協定（ＦＴＡ）」という表現を用いず、「経済連携協定（ＥＰＡ）」という表現を用いるため、本書においても、特に協定名を示す際にはそのような表現を用いるが、実質的にはＦＴＡと同一と理解していただいて問題ない。

初期の日本のＦＴＡの締結相手は、シンガポール、メキシコ、マレーシアといった国々であった。これらは主に、農業分野で日本が大きな譲歩を迫られないという理由から選ばれていた。その後は、チリ、タイ、インドネシアなどとの締結を進めていくことになる。

おそらく、農業問題との兼ね合いでは、日豪ＥＰＡが最初の鬼門であったと言えよう。予想通り、日本は農業分野での開放を求められたが、最終的には、豪州・米国ＦＴＡの発効による豪州市場での日本の競争力の低下と、エネルギー協力や政治的関係の強化を図りたいという思惑、そして同時期に行われていたＴＰＰ交渉へ刺激を与えるという狙いなどが、日本にとって締結へと結びつける根拠になったとみられている。

日豪EPA以降、日本が締結してきたFTAはメガFTAが中心となる。二〇一〇年一一月にTPP交渉参加に向けた関係国との協議の開始を表明し（実際の交渉参加は二〇一三年七月）、二〇一三年には日EU・EPAとRCEPの交渉を開始している。初期の政策と異なり、経済大国あるいは広域のFTAを交渉するようになった背景には、FTAを通じて貿易の自由化を追求していく方針を強めたことに加えて、他国とのFTA締結競争に巻き込まれたこともあった。すなわち、韓国や中国などの近隣諸国がFTAを多く締結することへの対抗であった。

このように、充実しつつある日本のFTA政策について、少しだけ時計の針を巻き戻して、政策方針の経緯を振り返ってみよう。一九九〇年代まで、日本はWTOに代表される多国間主義を通商政策の中心に据えていたため、FTAに対しては批判的であった。しかし、九〇年代終わりから二〇〇〇年代に入ると、そのような姿勢から変化が見られ、徐々にFTAの締結にも力を入れるようになった。そのような流れの中で、日本の初期のFTA政策方針の軸となったのが、二〇〇二年に外務省が公表した「日本のFTA戦略」であった。そこでは、FTA／EPAの戦略的意義やメリット、推進に際して留意すべき点などとあわせて、締結相手国としてどのような国が優先されるべきか示されている。具体的には、「韓国及びASEANがまず交渉相手となる」とされ、メキシコが、「NAFTA及びEUとのFTAを締結した」ことなどを理由に、優先国に位置付けられている。加えて、中国、香港、台湾、豪州、ニュージーランドが「日中韓+ASEANが中核となる東アジアにおける経済連携」の項目の中の具体的な国として挙げられている（ただし、国ごとに優先度に濃淡がつけられている）。また、「その他の国・地域に関する予備的考察」としては、中南米諸国のチリおよびメルコスール、ロシア、南アジア（インド）、アフリカが列挙されており、最後に、北米やEUとのEPA／FTAの可能性が触れられている。これらについて現在から振り返ってみると、優先度の高い国とは何らかの形でFTAが締結できており（質は別として）、おおよそ戦略通りに進められていると言える。

このような政策方針を受けて、日本はFTAの締結を進めたが、二〇〇〇年代は日本の動きは遅いと評されていた。そこで、二〇一〇年には「包括的経済連携に関する基本方針」（閣議決定）が公表され、経済連携を加速させる意思が示された。この方針と二〇〇二年の戦略との相違としては、広域連携がより強調されるようになっている点が挙げられる。広域連携は、二国間との協定とは異なり、複数の国や地理的な規模で経済連携を強化していく考え方である。本書では「複数国間協定」と主に称している形態の協定である。「基本方針」に具体的に示されている広域連携としては、二〇〇二年戦略でも示唆されていた日中韓FTAに加えて、研究段階の東アジア自由貿易圏構想（EAFTA）や東アジア包括的経済連携構想（CEPEA）が示されている点が注目される。これらの言葉があまり耳慣れないと感じた読者も多いと思うが、それもその通りで、これらは実現されていない。しかし、後述するように、TPPやRCEPといった別の枠組みとしてその基本構想は体現されている。

二〇一三年六月に公表された「日本再興戦略」（閣議決定）においては、FTA比率（カバー率）の基準が示されているようになっており、当時の一九％から二〇一八年までに七〇％に高めることが数値目標として据えられている。実際には、先の図9を見ると分かるように、二〇二〇年六月時点でもその比率は四〇％弱（日米貿易協定は除いた数値で、それを含めると五〇％強）と目標を達成することはできなかったが、二〇二〇年一一月にはRCEPの署名が実現できていることもあり、着実に前進しているとは言える。

以下では、日本が締結した協定のうち、とりわけ影響力の強いTPP／CPTPP、日EU・EPA、RCEP、日米貿易協定、そして注目が高まっている日英EPAについて取り上げる。それを受けて最後に、今後の日本のFTA政策の行方について簡単に展望したい。

2 TPP/CPTPP

†TPP交渉の開始からCPTPPの発効まで

日本が締結したFTAの中で、最も物議を醸したのがこのTPP/CPTPPであろう。その最大の理由は、日本がTPPの締結交渉において農業分野の開放を強く要請されたことにある。WTOのドーハ・ラウンド交渉がめぼしい成果を上げなかったこと、そして、日本の初期のFTAが農業分野で大きく譲歩する必要がなかったことから、日本国内で農業分野の開放がしばらく大きな話題となっていなかっただけに、TPPで求められる農業分野での開放の可能性は、多くの国民の関心を呼ぶことになった。

TPPの原型は、ブルネイ、チリ、ニュージーランド、シンガポールの四カ国による「環太平洋戦略的経済連携協定」（通称P4協定）である。二〇〇八年に米国、豪州、ペルー、そしてベトナムがこの協定に参加を表明する形でTPPは形成されていった。二〇一〇年三月にはそれら八カ国で交渉が行われており、これがTPP交渉の第一回会合となる。日本は、二〇一〇年一〇月に参加の検討の開始を表明し、交渉には二〇一三年七月から参加している。最終的には、マレーシア、メキシコ、カナダを加えた一二カ国から構成されるメガFTAへと発展することとなった。

TPPが耳目を引いた理由は、米国や日本といった経済大国が含まれるだけでなく、ベトナムやマレーシアのような国有企業を国内に多く抱えている国が参加している点にもあった。TPPは米国にとって、将来的に中国を先進的な国際貿易枠組みに服させるための土台とする意味合いがあった。中国と同様に国有企業の多い両国の参加は、国有企業に対する規制を試す良い場を提供することになったのである。

最終的に、TPPは全三〇章から構成される貿易協定として完結することになり、その中には、電子商取引章、競争政策章、国有企業章といったWTOでは対象とされていない幅広い分野が含まれている（表8）。長い交渉を経て二〇一五年一〇月に大筋合意、二〇一六年二月に署名を実現している。

ところが、翌年二〇一七年一月に就任したトランプ大統領によるTPPからの離脱表明を受けて、TPPは消滅の危機を迎える。しかし、日本が主導する形で、一一カ国でのTPP発効へ調整が進められ、最終的には「環太平洋パートナーシップに関する包括的及び先進的な協定」（CPTPP）の名で、米国抜きの状態で二〇一八年一二月三〇日に発効するに至っている。このTPP消滅の危機からCPTPP発効において日本が発揮したリー

表8　TPPの章立て

章番号	内容	章番号	内容
	前文		
1	冒頭の規定及び一般的定義	16	競争政策
2	内国民待遇及び物品の市場アクセス	17	国有企業及び指定独占企業
3	原産地規則及び原産地手続	18	知的財産
4	繊維及び繊維製品	19	労働
5	税関当局及び貿易円滑化	20	環境
6	貿易上の救済	21	協力及び能力開発
7	衛生植物検疫措置	22	競争力及びビジネスの円滑化
8	貿易の技術的障害	23	開発
9	投資	24	中小企業
10	国境を越えるサービスの貿易	25	規制の整合性
11	金融サービス	26	透明性及び腐敗行為の防止
12	ビジネス関係者の一時的な入国	27	運用及び制度に関する規定
13	電気通信	28	紛争解決
14	電子商取引	29	例外及び一般規定
15	政府調達	30	最終規定

出所：筆者作成

ダーシップは、国内外から高い評価を受けることとなった。

もっとも、CPTPPは、米国が離脱した以上、TPP協定をそのまま発効させる形にすることはできない。他方で、将来的に米国が復帰することを表明した場合に、それをスムーズに実現させることも必要とされる。そこで、CPTPPはTPP協定内の一部の内容については「凍結」させることとした。具体的には、投資や知的財産などのテーマの一部の規定の適用を停止させる形を取っている（表9参照）。この適用の停止を終了させる「解凍」は締約国の合意が条件とされる（CPTPP第二条）。

以下ではTPP／CPTPPの法的な意義について説明する。最初に指摘できるTPP

表9　CPTPPにおいて凍結されたTPPの項目一覧

第5章　税関当局及び貿易円滑化		
1	第5.7条1項(f)2文	急送少額貨物の免税基準の見直し
第9章　投資		
2	第9.1条	「投資に関する合意」と「投資の許可」の定義
	第9.19条の各規定	「投資の許可」または「投資に関する合意」の違反による投資仲裁への付託を可能にする規定とその関連規定
	第9.22条5項	上記の投資仲裁における仲裁人の選定
	第9.25条2項	上記の投資仲裁における準拠法
	附属書9-L	「投資に関する合意」の違反に基づく投資仲裁に関する例外など
第10章　国境を越えるサービスの貿易		
3	附属書10-B第5項、6項	郵便独占の対象とされたサービス提供者による特定の急送便サービスへの補助の禁止など
第11章　金融サービス		
4	第11.2条2項（b）	金融サービス章の適用対象となる措置に対して「待遇に関する最低基準」規定違反を根拠とした投資仲裁の利用など
	附属書11-E	ブルネイなどについて上記を時限的に不適用
第13章　電気通信		
5	第13.21条1項（d）	電気通信規制機関の決定に対する再検討の申立て
第15章　政府調達		
6	第15.8条5項	調達機関が調達参加の条件として、労働者の権利に関する法令の遵守の促進を求めることが認められることの確認
7	第15.24条2項	協定適用範囲の拡大交渉の3年以内の開始
第18章　知的財産		
8	第18.8条1項注2、3文および4文	内国民待遇の対象に「著作権及び関連する権利に基づく使用に関するあらゆる形態の支払金」が含まれることの明記
9	第18.37条2項、4項2文	「既知の物の新たな用途」または「既知の物を使用する新たな方法」の発明、「植物に由来する発明」に特許が与えられることの確認
10	第18.46条	特許を与える当局の不合理な遅延の回避と、遅延時の特許期間の調整制度の導入
11	第18.48条	医薬品の販売承認の不合理な遅延の回避と、販売承認の手続の結果として生じた特許期間の不合理な短縮に対する調整制度の導入
12	第18.50条	新規医薬品の販売承認の条件として、開示されていない試験データなどの提出を要求する場合に、販売承認日から5年間は無許可で第三者がそのデータに基づいて類似品を販売することを禁止
13	第18.51条	新規の生物製剤などの販売承認について同上（期間は8年間）

表9　CPTPPにおいて凍結されたTPPの項目一覧（つづき）

14	第18.63条	著作物などの保護期間を著作者の生存期間と死後70年以上とするなど
15	第18.68条	著作物などについて許諾されていない行為を抑制する技術的手段を権限なく回避する行為などに対する法的な救済措置の整備
16	第18.69条	著作権の権利管理情報の保護のための法的な救済措置の整備
17	第18.79条	衛星放送用およびケーブル放送用の暗号化された番組伝送信号の保護のための法的な救済措置の整備
18	第18.82条、附属書18-E、18-F	オンラインの環境において生ずる著作権侵害への法的な救済制度の確保と、インターネット・サービス・プロバイダについての適当な免責の確立など
第20章　環境		
19	第20.17条5項	自国以外の法令に違反して採捕または取引された野生動植物の取引に対処する義務
第26章　透明性及び腐敗行為の防止		
20	附属書26-A 第3条	自国の保健医療当局が自己の運用する国の保健医療制度の下で行う医薬品または医療機器の償還制度の公正な実施の確保
附属書		
21	附属書II	ブルネイの留保事項9（石炭分野）
22	附属書IV	マレーシアの表の留保事項2（国有企業ペトロナス社）

出所：外務省（2018）を基に筆者作成

／ＣＰＴＰＰの意義は、網羅する分野の多さである。繰り返しになるが、電子商取引、競争政策、国有企業、労働、環境などに関する詳細な規定を設けたのが特徴である。ここでは、電子商取引（第十四章）、国有企業規制（第十七章）、そして労働（第十九章）について取り上げる。

なお、以下ではＣＰＴＰＰの条文番号を示す場合には、「ＴＰＰ第○条」と表記する。これはＣＰＴＰＰがＴＰＰを組み込む形を採用しているためである。それに対して、「ＣＰＴＰＰ第○条」とする場合には、ＣＰＴＰＰそれ自体を指すこととする。ちなみに、TPPをCPTPPに組み込む旨は、CPTPP第一条に定められている。

†雛形としての電子商取引章

インターネットが広く行き渡るようになり、デジタル・エコノミーが到来している昨今において、国際貿易もデジタル化が加速度的に進んでいる。このような状況下で、越境的な電子商取引を円滑かつ安全に推進するために、国際的なルールの整備が必要とされている。しかしながら、WTO協定の一部は電子商取引にも適用することは可能であるものの、WTOは電子商取引自体を正面から扱う協定を保有しておらず、かつ、先の章で述べたように新しい協定作成に苦慮している状況にある。それゆえに、FTAでのルール作りが先行する状態が発生しており、その中で、先導的な役割を果たしてきたのがTPP／CPTPPの電子商取引章である。

TPP／CPTPPの電子商取引章では、主に五つの内容が規定されている。第一が、電子的な送信に対する関税の賦課の禁止である（TPP第十四・三条）。これは物品の貿易における関税の削減に相当し、デジタル・コンテンツの越境的な移動に対して関税を賦課しないことで自由流通を促進させる。WTOにおいては、関税を賦課しないというモラトリアムの合意を適宜延長する形でそれを実現しているが、不賦課の恒久化は実現できていない（第1章第2節参照）。TPPにおける関税不賦課の規定は、締約国間についてそれを恒久化することになる。

第二が、他の締約国で生産されたデジタル・プロダクトに対して、同種のデジタル・プロダクトと比べて不利な待遇を与えることの禁止である（第十四・四条）。これは電子商取引における無差別原則規定であり、最恵国待遇と内国民待遇の双方を含む規定である。なお、デジタル・プロダクトとは、コンピュータ・プログラム、文字列、ビデオ、映像、録音物などで、デジタル式に符号化され、商業性を有する電子的に送信可能なものと定義されている（第十四・一条）。

第三が、事業の実施目的での電子的手段による情報の越境移転の許可である（第十四・十一条）。これは、物品の貿易でいうところの数量制限（GATT第十一条）に相当する規定であり、国外に情報を電子的に移転する際に、それを正当な理由なく拒絶することを禁止する規定である。この規定は、データの自由流通を実現する上で重要な規定である。

第四が、事業者が自国内で事業を遂行する条件として、コンピュータ関連設備を自国内に設置することなどの要求の禁止である（第十四・十三条）。これはデータ・ローカライゼーション規定とも呼ばれる。国外の事業者が自国内でビジネスを行う際に、自国内のコンピュータ設備の利用や、コンピュータ設備の自国内での設置を求めることは、事業者の自由で効率的な情報保管を妨げることになるため問題となる。しかし、他方で、情報を自国内に留めさせることは、重要な情報の国外流出の防止などのために必要とも考えられる。そこで、「公共政策の正当な目的」の達成のために必要であれば、自国内のコンピュータ設備の利用や自国内に設備の設置を要求することは認められている（同条三項）。

そして第五が、他の締約国の者が所有するソフトウェアなどの輸入の条件として、ソフトウェアのソース・コードの移転やソース・コードへのアクセスを要求することの禁止である（第十四・十七条）。

なお、電子商取引の関係で、「データ・ローカライゼーション」という言葉が用いられる場面が多くみられるが、実はこの用語には明確な定義がなく、用法が定まっていない。簡潔に言えば、「データを特定の地域に固定する」ことを意味するが、その方法や目的は多様であり、それゆえに用語の射程が特定されづらい。例えば、TPP第十四・十三条のようなコンピュータ設備を自国内に設置することはデータ・ローカライゼーションの典型であるが、情報の国外移転を許可しないような場合も広い意味でデータ・ローカライゼーションと言える。よって、情報の電子的手段による越境移転の許可を求めるTPP第十四・十一条も、第十四・十三条とあわせてデータ・ローカライゼーション規律と捉えられる。

以上のように詳細な規定が設けられたTPPの電子商取引章であるが、課題もある。例えば、情報の越境的移動についての規定は簡素であるため、その内容が必ずしも条文から明らかとは限らない。より具体的に言うと、現行のTPP規定（第十四・十一条二項）では、締約国は「情報（個人情報を含む。）の電子的手段による国境を越える移転を許可する」と規定するのみであるが、ここでいう「移転」に非締約国である第三国への移転が含まれるのは条文からは定かではない。CPTPP締約国の事業者が第三国のクラウドサービスを活用して日本にサービス提供を行う場合であっても、当該規定に基づいて日本からの情報移転を許可しなければならないとも理解できる。このような場合に、第三国を経由する情報移転を制限したい場合には、同条の第三項で示された「公共政策の正当な目的を達成するため」に必要であるとして正当化することは考えられるが、制限する側の国が立証責任を負う状況の発生は十分に考えられる。そもそも、「公共政策の正当な目的」に何が含まれるかさえ、実は定かではない。このような不明確さが残されているため、今後はこの点についての議論がなされることでルールが明確化することが期待される。

CPTPPが締結された当初、同協定の電子商取引章がWTOをはじめとする各貿易ルールの雛形になるものと予想されていた。実際に、その後に締結されたUSMCAや日米デジタル貿易協定では、TPPに類似のルールを導入しつつ、漸次的に発展させる形が採用されている(ただし、EUの電子商取引に対する姿勢は次節の日EU・EPAの議論参照)。

†国有企業の行動規制と「非商業的援助」

政府が保有する企業は、政府からの補助金をはじめとする各種の優遇を受けやすく、ゆえに、民間企業との間の競争で優位に立ちやすい。かつては、国有企業は公共性を有していることが主で、もっぱら国内で活動するものが多かったが、近年は輸出や投資を展開しているものも少なくなく、国外での競争に与える悪影響が看過できなくなってきている。そこで、この国有企業に対する国際的な規制が必要となってきている。

CPTPPは、まず、国有企業について「商業的考慮」に従って行動することを求める(TPP第十七・四条)。これは、国家貿易企業について規定するGATT第十七条にその原型を見出すことができ、また、他のFTAにおいても導入されている規定である。CPTPPはそれに加えて、「非商業的な援助」という新しい概念を導入した(TPP第十七・六条)。簡潔に述べると、非商業的援助は国有企業が関連する補助金を指す。たしかに、WTOにおいても、国有企業が交付する補助金は補助金協定の適用対象とされうる。しかし、同協定第一・一条(a)号でいう「公的機関」について上級委が、「政府権限を与えられた主体」とする解釈を採用していることから（米国―ADおよび相殺関税事件、DS三七九）、政府権限を伴わない国有企業による補助金はその規律の射程外とされている。CPTPPは「国有企業」を国家による株式の保有率などを基準に定義づけるため（TPP第十七・一条）、政府権限を必ずしも有さないような国有企業が交付する補助金も規制対象に含めることが可能となっている。

†労働法の執行要請と市民社会の参加

米国は以前より、緩慢な労働基準の設定や寛大な労働法の運用による競争優位性の発生を防止するために、FTAの締結相手国に対して労働法制の整備と、適切な運用を求めてきた。これら過去の実例と同様に、TPPにおいても労働条項は挿入されることとなった。この点、日本はFTAで労働章を創設することはなかったため、TPP／CPTPPがその初めての例となる。

CPTPPの労働条項におけるポイントを三つ取り上げる。第一が、労働法令の効果的執行を求める規定である。CPTPP第十九・五条一項は、「いずれの締約国も、……一連の作為又は不作為を締約国間の貿易又は投資に影響を及ぼす態様で継続し、又は反復することにより、自国の労働法令の効果的な執行を怠ってはならない」と規定する。この規定は、労働法の執行を怠ることによりその国の産業が競争上有利になることの防止を狙いとする。

　CPTPPの当該条項を問題とした紛争の提起は今のところないが、CAFTA－DRにおける類似の規定（第十六・二条一項）が、同協定下の仲裁パネルにおいて解釈されている。すなわち、米国がグアテマラを相手取って、同国の裁判所による不当解雇者の復職命令が適切に執行されなかったとして提訴した紛争における仲裁パネルの判断である。その判断の中で注目されるのは、「一連の作為又は不作為を締約国間の貿易に影響を及ぼす態様で継続し、又は反復することにより」執行を懈怠《けたい》したとする文言に対する解釈である。同事件では、仲裁パネルによって「貿易に影響を及ぼす」と認定された労働法の執行懈怠の例が一件の雇用主の行動に対してのみに留まったため、継続的または反復的な不作為には該当しないと判断されている。本件については、米国の立証が不十分であったという事案の特性があるものの、仲裁パネルの判断は、一連の作為ないし不作為が継続的または反復的に貿易に影響を及ぼすことを求めることを含意していると捉えられることから、条文の意味を限定的に解したと言えよう。

　この点、USMCAは、労働法の執行懈怠となる「一連の作為又は不作為」の範疇に、締約国間の貿易の対象とされている産品やサービスを提供している、あるいは執行懈怠国に投資を行っている人や事業者が含まれている時点で、貿易や投資への影響を認めることを含意するような注釈（第二十三章の注十一）を挿入しており、（この注釈の方法次第ではあるが）貿易への影響を容易に認定させる余地を持たせている。このように、労働法執行の懈怠に関する条文には動きが見られるため、今後も、その内容や解釈が各ＦＴＡにおいて発展していくことが予想される。なお、ＥＵが締結したＦＴＡ（ＥＵ・韓国ＦＴＡ）においても、韓国の労働組合法の規定のいくつかがＦＴＡ規定に抵触するとして提訴されており、二〇二一年一月には専門家パネルによる報告書が発出されている。これについては、終章にて説明するが、ここでは、専門家パネルの報告書の中で、やはりＣＡＦＴＡ－ＤＲにおける判断への言及が簡単にではあるが見られること――ただし、判断自体には関連がないとされた――を指摘しておく。

第二の注目点が、強い執行力である。ＴＰＰの労働章に関するいかなる争いも同協定第二十八章に定められている紛争解決章における手続に依拠することが認められている（ただし、事前に第十九・十五条に定める労働協議を経ることが条件とされる）。そして、ＣＰＴＰＰの紛争処理制度が利用され、被申立国の労働章規定違反が認定されると、申立国は対抗措置を発動することなどが認められる（第二十八・二十条二項、七項など）。これは、後述の日ＥＵ・ＥＰＡなどには定められていない仕組みである。それらにおいては、特別の専門家パネル手続が利用され、その専門家パネルによる判断は専門委員会による監視の対象となるのみである（例として、日EU・EPA第十六・十八条。ただし日EU・EPAの労働問題関連の紛争処理制度は将来的な見直しの対象に含まれている、同協定第十六・十九条参照）。このような執行力の相違ゆえに、対抗措置の発動の可能性があるCPTPPの紛争処理手続における判断がより影響力を持つ潜在性がある。この点は果たして今後どのように発展していくのか。

もっとも、ここで気をつけなければならないのは――CPTPPが対抗措置に裏付けられた強い執行力を有するのは事実としても――実際の仲裁パネル手続に至るまでの労働協議に、政府の上級代表（労働評議会）による第二の協議段階を設けている点や（第十九・十五条十項）、労働協議以外の仕組みとして「労働対話」（第十九・十一条）を設けている点である。これらから分かるように、CPTPPは対話を通じた問題解決の機会を拡大的に創設しており、必ずしも対決型紛争と強制力の強化のみで対処しようとしているわけではない。事実、NAFTAのシステム下では、労働関連の紛争は仲裁パネル審査（あるいはそれ以前の専門家評価委員による分析）まで達成する例は存在していない――USMCA体制となった今後は異なる傾向が見られるかもしれないが。

そして第三が、公衆の参加の仕組みである。これも米国の過去のFTAにおける実績をモデルとしているが、参加国数の多いCPTPPではそのインパクトも大きくなりうる。

まず、基幹となるのが、公衆からの意見提出である。TPP第十九・九条一項によると、締約国の国民は誰でも、自国のみならず他の締約国（連絡部局）に意見書を提出することができ、受領した締約国はそれを検討することが求められる。この公衆参加の仕組みが最初に導入されたのがNAFTA附属協定の北米労働協力協定（NAALC）であり、その運用は比較的良好であった。また、CPTPPにおいては、労働評議会が公衆（ただし、利害関係者が対象）からのインプットを受領し検討することが認められている（第十九・十四条一項）。このように、一般公衆の関与が広く可能な制度となっており、今後もこのような仕組みが拡散していくことが期待される。

†CPTPPの今後の展開

TPP／CPTPPは今後、どのように展開するのであろうか。米国の離脱によりTPPは頓挫しかけたが、後にCPTPPとして妥結したこと、そしてその際の日本のリーダーシップが高く評価されたことは先述した。問題は、CPTPPのその後である。

CPTPPが重要なのは、米国が参加していなくとも、貿易ないし国際経済関連ルールとして世界の先駆け的存在になっているためである。よって、CPTPPは一過性の協定として終わらせるのではなく、少なくともそのルールが拡散することを目指すことが求められよう。特に、非効率的で、統一性に欠ける二国間協定を集積させるよりも、複数国間協定に新規参加国を追加することは、利便性に優れるという意味でCPTPPは重要である。

そこで、CPTPPの参加国の拡大を見据えた場合、最初に頭に浮かぶのが米国の復帰であろう。トランプ前大統領は何度かTPPへの復帰の可能性を示唆してきたが（例えば、二〇一八年一月の世界経済フォーラム年次総会での演説）、結局、「示唆」の域を出なかった。トランプ政権下でUSMCAが締結され、日米間の貿易協定も進展した現状では、CPTPPの主だった参加国とは（より現代的な）貿易協定が締結できた状態となっている。よって、米国にとってのTPP復帰の実益性は、不完全な日米貿易協定の完結と、ニュージーランド、マレーシア、ベトナム、ブルネイといったFTA未締結の国と協定を結べるということになる。しかし、日本との貿易関係は二国間協定を継続することの方が望ましい可能性があること（この点について後述本章第5節参照）、個別のFTAを締結していないCPTPP参加国との貿易自由化が最優先事項とはなりづらいことから、TPP復帰へのインセンティブが——少なくとも経済的には——強いとは言えない。

次に動向が気になるのが中国である。中国は、TPPが交渉されていた時期からTPPに関心を示してきたが、RCEPが署名されてからもTPP／CPTPPへの参加意欲を表明している点が注目される（例えば二〇二〇年一一月二〇日の習国家主席の発言）。中国のCPTPP参加については、特に協定内の国有企業規制などがその障壁になると思われ、実現は容易ではないと言える。もちろん、中国のCPTPP参加が実現されて、同国が協定内の高水準の義務を誠実に履行することは望ましいことである。他方で、もし中国が米国の抜けている状態のCPTPPに参加すれば、RCEPにも参加する中国の国際経済関係における影響力は、極めて大きなものとなろう。

米国と中国以外で、TPPの動向に関して高い注目を集めたのが英国の正式参加表明である。EUから離脱することとなった英国については、まだCPTPPが署名される前の二〇一八年初め頃から、加盟を検討しているということが報道されており、その後の二〇二一年二月一日に、正式申請している。実は、英国のCPTPPの参加は、国際的なFTA政策の動向の観点からも興味深い。というのも、CPTPPと後述の日EU・EPAを比較しても分かるように、米国とEUとでは指向するFTAの内容には相違が生じている。そのような中で英国が、米国の意向が色濃いCPTPPへの参加を目指していることは、米欧のFTA政策の融和という観点からも注目される。実際に、本書でも日英EPAについて説明するが、同協定は日EU・EPAを基礎にしつつも、CPTPPの規定も取り込むような内容となっている。英国の正式加盟にはもう少し時間を要するものと思われるが、英国のCPTPP参加は、単なる一カ国の参加を超えた意義を有する動きと言える。

その他、コロンビア、タイ、台湾といった国や地域が——新型コロナウイルス感染症の影響もあり、加盟プロセスがスムーズには動いていないものの——参加に向けた動きを見せてきた。それらの国々が参加することになれば、CPTPPがより一層国際的な貿易や経済関係を規律する規範として定着することになり、WTOにおける交渉の停滞の打破に様々な形で貢献することが期待される。そして、それは翻って、CPTPPが適切にルールを運用し、必要に応じて更新していくことの必要性も意味する。これらを踏まえると、今後も、CPTPPが国際貿易・経済関係において果たす役割は小さくないと言える。

3 日EU・EPA

†背景

日EU・EPAもCPTPPと同様、「メガFTA」と呼ばれる。参加国・地域は日本とEUに限定されるが、両者の経済規模を合わせると世界のGDPの三割ほど、貿易量も世界の四割ほどを占める、国際的にインパクトの大きい協定である。

まず、日EU・EPAについて論ずる際に重要となるのが、経済問題を中心とする同協定とあわせて、「戦略的パートナーシップ協定（SPA）」も締結されている点である。SPAは民主主義、法の支配、人権および基本的自由、世界平和、環境、社会問題等々の、経済問題を超えた共通の関心事項で協力を促進していく体制の構築を謳う。本書は、経済的な側面に焦点を当てているため、以下では日EU・EPAを中心に論ずるが、同協定を検討する上で、SPAの存在も重要である。

また、日EU・EPAはその「文脈」も大切で、CPTPPやRCEPなどの他のメガFTAと同時期に交渉されていることにも注目する必要がある。すなわち、各国がFTAを自由に形成し、独自のルールが乱立することが懸念される中で、それらの多くに参加している日本が、各メガFTAの間の橋渡し役となりうる点である（図12参照）。とりわけ、米国とEUは両国間の貿易協定（TTIPなど）の締結に苦戦しており、米国とEUの双方と協定を締結している国々が、どのようにして利益調整を行っているか——実際には行えていない側面も多いものの——が注目される。よって、以下では、日EU・EPAの説明は、そのような米国との協定の対比——すなわち、米国の関心を色濃く反映しているCPTPP——との対比に力点を置いて説明する。

図12　メガFTAと日本

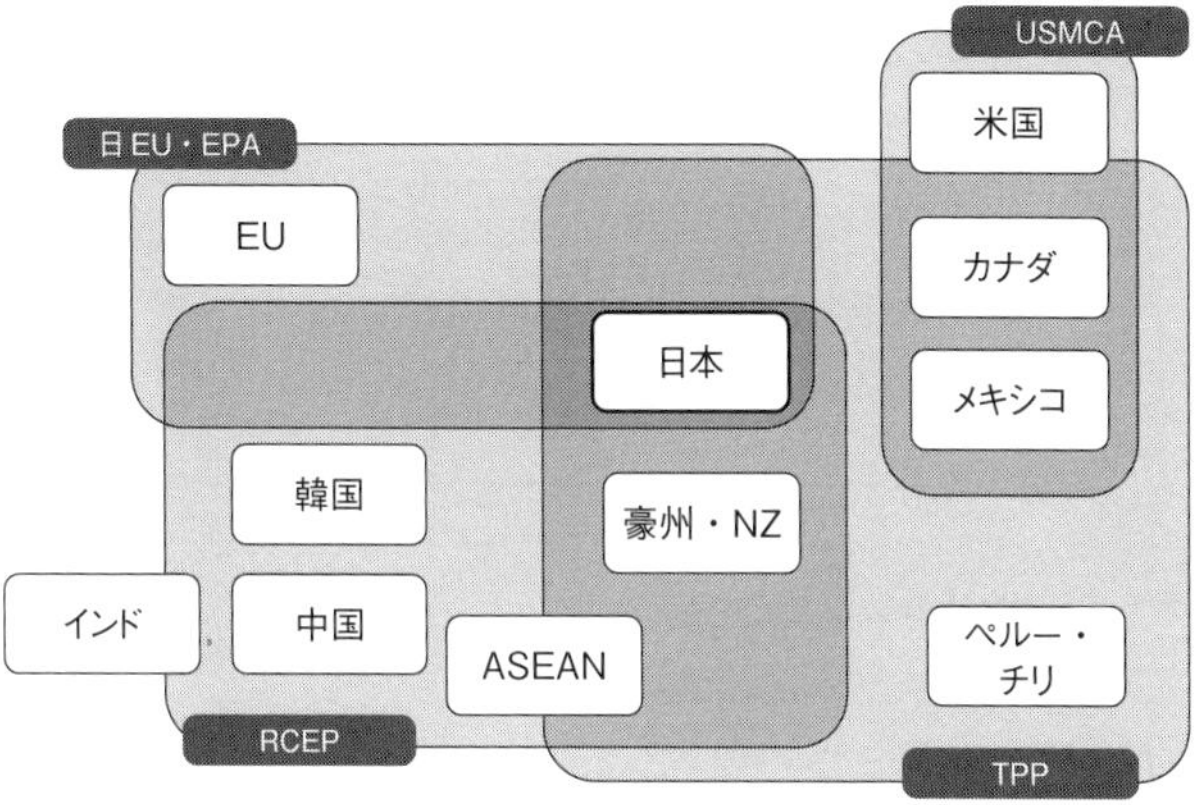

出所：筆者作成

†全体概要

日EU・EPAは、全二三章から構成される。全三〇章から構成されるTPPと比べると小規模にも思われるが、CPTPPでは細分化されているテーマであっても、日EU・EPAでは一つの章で取り扱われている。例えば、第八章は「サービスの貿易、投資の自由化及び電子商取引」と、かなり広範なテーマを含む章となっている。よって、章の数の違いが、実質的に扱うテーマに大きな相違があることを意味しない（表10参照）。

一般的に、日EU・EPAをめぐる交渉は「関税vs非関税障壁」という構図で語られてきた。つまり、EU側は日本が関心の高い鉱工業品に対して高関税を賦課しているため、

表10　CPTPPおよび日EU・EPAが扱う事項

	CPTPP	日EU・EPA
物品貿易	✓	✓
原産地規則	✓	✓
繊維及び繊維製品	✓	
税関事項及び貿易円滑化	✓	✓
貿易救済措置	✓	✓
衛生植物検疫措置	✓	✓
貿易の技術的障害	✓	✓
投資	✓	✓
サービス貿易	✓	✓
金融サービス	✓	✓
ビジネス関係者の入国	✓	✓
電気通信	✓	✓
電子商取引	✓	✓
政府調達	✓	✓
競争政策	✓	✓
資本移動		✓
国有企業	✓	✓
補助金		✓
知的財産	✓	✓
企業統治		✓
労働	✓	✓
環境	✓	✓
協力	✓	✓
競争力及びビジネスの円滑化	✓	
開発	✓	
中小企業	✓	✓
規制の整合性	✓	✓
透明性及び腐敗行為の防止	✓	✓
制度に関する規定	✓	✓
紛争解決	✓	✓
例外	✓	✓

出所：筆者作成

貿易交渉ではそれらの関税の引き下げを約束することになる。それに対して日本側は、EU製品に対する関税はすでに低いものの、非関税的要素が貿易の障壁になっていることから、鉄道、食品、医薬品などの分野における非関税障壁の撤廃を約束することになる、という構図である。このように日EU間の貿易関心は非対称となっており、交渉の結果が当事国間でバランスが保たれているか否かが判断しづらい交渉となっていた。

最終的に、日EU・EPAは二〇一八年七月に署名、二〇一九年二月に発効に至るが、その主な成果は次の通りである。まず、日本政府によると、当該協定の経済効果は、日本の実質GDPを約一%（五兆円）押し上げるとされる。EU側も日EU・EPAの経済効果の試算を公表しており、それによるとEUのGDPも〇・一四%ほど押し上げられる。

また、関税撤廃率としては品目ベースで日本側が九四%、EU側が九九%となっている。日本にとっては、自動車および自動車部品についてのEUの関税の多くが、即時撤廃か一定期間経過後の撤廃（乗用車の関税は発効から八年目に撤廃、自動車部品は貿易額ベースで九割以上が即時撤廃の対象）となることを約束できたことが主な成果である。とくに、日本とライバル関係となる韓国の自動車産業は、EUに輸出する自動車関税はゼロというEU・韓国FTAの恩恵を受けて輸出量を増やしていたため、その競争上の不利を解消できるという点で意義の大きいものであった。他方で、EUにとっては地理的表示（GI）の保護の拡充や（詳しくは後述）、日本の鉄道分野の政府調達における安全注釈の削除など、非関税面で成果を上げられている。安全注釈の削除とは、WTOの政府調達協定において、運転上の安全が関連する調達については協定の適用対象外とする日本の注釈（例えば、協定附属書Iの付表3における注釈3の注a）を、EUに対しては無効にする（つまりEUの供給者が調達に参加できる）という合意を指す（日ＥＵ・ＥＰＡ附属書十）。

†ＣＰＴＰＰにはあるが日ＥＵ・ＥＰＡには設けられていない規定

先述のように、日ＥＵ・ＥＰＡは、ＣＰＴＰＰと比べた場合、取り扱っているテーマという意味では大差がないが（表10参照）、その内容の詳細さに差がある。

例えば、日ＥＵ・ＥＰＡにおける電子商取引関連規定は、第八章の一つの節（第Ｆ節）として位置づけられており、一二の条文から構成される。ＣＰＴＰＰと比較した場合、情報の越境移転に関する実体的な規定は設けられておらず（ＴＰＰ第十四・十一条に相当する規定）、効力発生日から三年以内の「再評価」の対象とされている点に特徴がある（第八・八十一条）。これは、米国とＥＵの電子商取引に対する姿勢の相違を反映している。すなわち、ＥＵは個人情報の保護を重視することから、データ流通には慎重な立場にあり、日ＥＵ・ＥＰＡではそれが表面化したと捉えられる。当然、情報の越境移転に関する規定を設けないため、コンピュータ関連設備を自国の領域内に設置することの要求を禁止する規定（ＴＰＰ第十四・十三条に相当する規定）は設けられていない（ただし、やはり先で述べた「再評価」の対象には含まれうる）。もっとも、特に後者については、類似の規定が、ＥＵが二〇一九年四月にＷＴＯの電子商取引交渉に提出したルール提案の中で提示されているため、日ＥＵ

表11　CPTPPと日EU・EPAの主な電子商取引に関する規定の相違

規律内容	CPTPP	日EU・EPA
電子的送信に対する関税の不賦課	締約国間の送信について恒久化	
情報の電子的手段による越境移転	移転の自由化（公共政策の正当な目的の達成に必要な制限を許可※）	再評価の対象
デジタル・プロダクトの無差別待遇	最恵国待遇および内国民待遇を規定	規定なし（再評価の対象とすることは可能）
コンピュータ設備の設置場所	コンピュータ関連設備の利用や設置方法の強要の禁止（公共政策の正当な目的の達成に必要な制限を許可※）	規定なし（再評価の対象とすることは可能）
ソース・コード	ソース・コードの移転又はアクセスの要求の禁止	
オンライン消費者保護	消費者の信頼を向上させるための措置の必要性の認識、協力の重要性の認識	
個人情報保護	個人情報保護の有益性の認識、個人情報保護の法的枠組みの採用、個人情報の無差別保護の努力、個人情報保護に関する情報の公表、各国の制度の一貫性の促進	個人情報の保護のための措置の採用
サイバーセキュリティ	責任当局の能力構築、既存の協力メカニズムの利用	規定なし（対話規定はあり）
紛争処理	通常の紛争と同じ扱い	通常の紛争と同じ扱い

※例外についての章（TPP第29章）における安全保障例外規定を根拠に重大な利益の保護に必要な措置を採用することはできる
出所：筆者作成

間で類似の規定を設けられないわけではない。また、日EU・EPAの発効と同時期の二〇一九年一月に、EPAとは別枠ではあるが、EUと日本はともに個人データについて十分な保護水準を確保している（十分性の認定）とする相互認定も実現している。これらを踏まえると、日EU・EPAが予定しているデータの自由流通に関する規定を含めるか否かの「再評価」プロセスが（第八・八十一条）、大きな成果を生むことも期待される。

また、国有企業規制（第十三章）についても、CPTPPとは相違が見られる。最大の相違点は、CPTPPの説明時に取り上げた「非商業的援助」規律がないことである。CPTPPにおいては、国有企業が収受する補助金については「非商業的援助」という概念を創出し、国有企業が関与する補助金を広く規制対象とすることが企図されている。これは、WTOの補助金協定が、国有企業が補助金を交付する場合や、サービス提供や投資を行う国有企業が受け取る補助金を明確には適用対象としていないことに由来する。この点、日EU・EPAは、補助金に関する章（第十二章）を設け、いくつか興味深い規定を設けるものの（後述）、国有企業を主たる対象とする規定を設けてはいない。

もっとも、日EU・EPAは、日本およびEUが締結したFTAにおいて国有企業に関する章が設けられたという点は重要である。すなわち、これまで、日本もEUもともに国有企業に関する章や拡大的な規定を設けない傾向があったが、今回の協定で国有企業に対する章を設けたことは、今後、国有企業規律を重視していく姿勢を強めたことを意味する。日本については、国有企業を扱う章が初めて導入されたのはCPTPPであり、ゆえに日EU・EPAは二件目に相当する。EUについても、比較的最近に締結されたEU・カナダ包括的経済連携協定（CETA）や、シンガポールあるいはベトナムとの協定で節や章として挿入したという実績はあるものの、改めて、日本との間の協定で章として設けたことで、今後も、EUの協定においては拡大的な国有企業規定が標準装備されることが示されたと言えよう。

†日EU・EPAに見られるCPTPPエキストラ規定

反対に、CPTPPには存在しないが日EU・EPAに確認される規定も存在する。例えば、日EU・EPAはWTOの補助金協定における禁止補助金の範囲を拡大（あるいは明確化）することを試みている。同協定は、禁止される補助金について、①政府などによる企業の債務の無制限保証と、②信頼できる再建計画のない経営不振企業に対する再建のための補助金を、WTO補助金協定に示される禁止補助金に追加的に禁止することを示す（第十二・七条）。これはEUがこれまでに締結してきたFTAに挿入されている条項と同一であり、EUの意向が反映されたものである。

同様に、補助金の章において、補助金を公共政策の一部として正当化させる余地をより広く認めているのも、日EU・EPAの特徴である。まず、日EU・EPAは、「公共政策の目的のために一般公衆に対するサービスの提供」を政府によって委託された企業に交付される補助金を、補助金章の適用対象外とする（第十二・三条二項）。この「公共政策の目的のために一般公衆に対するサービス」の範囲は日EU・EPAにおいては定義づけられていないが、文言の類似性から、EUの域内法の中で発展してきた概念（EU機能条約第一〇六条二項における「一般的経済利益を有するサービス」の概念）と近似するものと理解される。

さらに、日EU・EPAは、GATT第二十条の一般的例外規定を補助金章の事項に対して適用させることを認める（第十二・九条）。これらはいずれも、WTOの補助金協定においては、特定の補助金が公共政策などの理由から正当化されることが明記されていない——グリーン補助金に関する規定が失効しており、かつ、それに代わるルールが作られていない（第1章第2節参照）——ことを補完する機能を果たすものと捉えられる。

地理的表示（GI）の保護規律の拡充もまた、日EU・EPAの大きな特徴の一つである。TRIPS協定では、地理的表示とは、「ある商品に関し、その確立した品質、社会的評価その他の特性が当該商品の地理的原産地に主として帰せられる場合において、当該商品が加盟国の領域又はその領域内の地域若しくは地方を原産地とするものであることを特定する表示」とされる。簡単に言うと、地理的表示として登録されることで、「シャンパン」や「パルマハム」といった呼称を、フランスのシャンパーニュ地方やイタリアのパルマ地域ではない別の場所で生産された製品に利用することが禁じられることになる。

日EU・EPAにおける地理的表示に関する規律の中では、相互保護制度を実現（第十

表12　日EU・EPAの相互保護の対象となる産品の例

	日本で保護されるEU側地理的表示の例	EUで保護される日本側地理的表示の例
農産品	・カマンベール・ド・ノルマンディ（チーズ） ・ゴルゴンゾーラ（チーズ） ・モッツァレッラ・ディ・ブファーラ・カンパーナ（チーズ） ・パルミジャーノ・レッジャーノ（チーズ） ・ペコリーノ・ロマーノ（チーズ） ・ブール・ダルデンヌ（バター） ・プロシュット・トスカーノ（ハム） ・エリャ・カラマタス（オリーブ）	・神戸ビーフ（兵庫県） ・米沢牛（山形県） ・みやぎサーモン（宮城県） ・小川原湖産大和しじみ（青森県） ・夕張メロン（北海道） ・あおもりカシス（青森県） ・八丁味噌（愛知県） ・くまもと県産い草（熊本県）
酒類	・ボルドー（ぶどう酒） ・ミュンヘナー・ビア（ビール）	・山梨（山梨県） ・日本酒（日本国）

出所：日EU・EPA附属書14-Bを基に筆者作成

四・二十四条）した点が注目される。この相互保護制度の下では、EUで登録された地理的表示についても日本国内での地理的表示として保護する、あるいはその逆も認められることになる。日EU・EPAの発効時において、附属書十四―Bに記載されているEU側の二一〇産品（農産品七一産品、酒類一三九産品）、日本側の五六産品（農産品四八産品、酒類八産品）がそれぞれ日本とEUの地理的表示として保護されることとなった（その後、二〇二一年二月に保護対象産品が改定）。なお、日本は今後もこの相互保護制度を普及させる予定であり、タイやベトナムが相手国の候補に挙げられている。

そして、それら相互保護の対象となる産品については、地理的表示の明細書の基準を満たさない商品については、地理的表示を付すことができないことが定められた（第十四・二十五条）。これは、実際の生産地を記載している場合、翻訳や音訳である場合、「〜スタイル」といった表現を伴う場合であっても認められない。また、表示使用の規制は、産品への表示だけでなく、広告やインターネット販売用のウェブサイトでの使用も含まれる。TRIPS協定では、このような保護（追加的保護）を受けられる対象は「ぶどう酒及び蒸留酒」に限定されていたため（第二十三条）、その適用範囲が拡大されたことになる。

また、先使用として名称を利用することができる期間を七年まで（酒類については五年まで）と限定している点（日EU・EPA第十四・二十九条）にも特徴が見られる。これまでは、それを地理的表示の対象となる名称を登録前から善意で使用していた場合（先使用）には、それを無期限で認めていたが、今回のルールで短縮された。GI保護の強化を望むEUの要望に応じたことになる。

このように日EU・EPAは、地理的表示の保護に対して積極的なEUの姿勢を反映させる内容となっているが、他方で、米国などの地理的表示の保護強化に慎重な国にも配慮したような内容も含まれている。つまり、米国などは地理的表示の対象となる産品については、普通名称と言えるものも存在するという立場を示しているところ、日EU・EPAにおいても、「カマンベール」や「モッツァレッラ」など普通名称と認識されているものについては、地理的表示の保護は及ばないとされており、一定の配慮がなされている。とはいえ、総じて、日ＥＵ・ＥＰＡは日本の地理的表示制度を一層ＥＵの制度に近づけるものと評価されている。

†投資仲裁か？　常設投資裁判所か？

日ＥＵ・ＥＰＡに関して今後の大きな争点の一つとなるのが、投資紛争の扱いである。現在の国際社会においては、投資家が投資受入国の条約違反などによって損失を受けた場合に、投資家が投資受入国を相手とした仲裁（投資家対国家仲裁、以下、投資仲裁）を提起することで対処することが主流となっている。しかし、ＥＵはＴＴＩＰ交渉以降、投資をめぐる紛争について常設の投資裁判所で対処することを主張しており、もはや投資仲裁制度をＦＴＡに導入する意思はないことを示唆している。実際に、日ＥＵ・ＥＰＡについて説明する欧州委員会のホームページにおいても、古いスタイルの投資家対国家紛争処理制度には戻らないと記載されている。それに対して、日本は常設投資裁判所構想については慎重な姿勢を示しており、ここに両国間に溝が生じている。結局、日ＥＵ・ＥＰＡの交渉においては、投資は自由化に関するルールのみを協定に含め、常設投資裁判所の問題を含む投資の保護については別途、投資協定の締結を目指して交渉を継続することとされた（日ＥＵ投資交渉）。本書執筆時点で、交渉会合は二回開催されている。

表13　常設投資裁判所と投資仲裁の異同と各々の利点

	制度的特徴	利点・強み
常設投資裁判所	・常設の裁判所 ・任期制の裁判官が判断を行う ・裁判官は条約締約国によりあらかじめ任命 ・二審制の導入	・より精密な判断が示される ・判例の一貫性が確保される ・裁判官が国によって選任されるため、民主制が担保されやすく、多様な価値観が反映される
投資仲裁	・仲裁廷は事案ごとに構成 ・紛争当事者により任命された仲裁人が判断 ・一審制	・投資家にとっては自己が選定した仲裁人の関与が確保できる ・迅速に判断が提示される ・依然として制度の支持者は多い

出所：筆者作成

投資仲裁と常設投資裁判所の相違は、前者は事案ごとに紛争当事者が仲裁人を任命してから審議を行うことになるのに対して、後者は常設の組織で、任期制の裁判官が各紛争を処理していく点にある。加えて、後者では二審制が採用されることになり、より精密な判断が下される可能性が高まる。このような仕組みゆえに、裁判所制度の下では判断内容が一貫し、安定した判断を示すことが可能となる（表13参照）。

しかしその反面、裁判官の選定に投資家が関与できなくなるため、投資家よりも国家の立場を反映した判断が生まれやすいと懸念されている。もっとも、これは逆もまた然りで、裁判所が強固になればなるほど、国家の立場に配慮しない判断が下され、国家にとっては規制権限が侵害されるような判断が示されるということもあろう。さらに、常設投資裁判所については、裁判官の独立性が必ずしも確保されるとは限らず、その任命過程が政治問題化することも懸念として示されている（仲裁人よりも独立性で優れるとは言い切れない）。

米国も、この常設投資裁判所構想については基本的には懐疑的な立場と思われる。先で述べたように、米国はWTOの上級委が強力な組織になることさえも警戒しているのである。さらに言うと、トランプ政権は投資仲裁についても否定的になっていた。投資仲裁が米国の主権を侵害するという警戒感や、国外での投資環境が良くなると自国への投資が減少してしまうという発想からである。そのような考えを反映してか、USMCAでは、カナダとの関係においてはUSMCA発効後の投資についての仲裁は廃止され、メキシコとの関係においても、NAFTA時代における投資仲裁よりも、仲裁が審議できる範囲を大幅に縮小する形で合意されている。よって、投資紛争に対する考えは、EUと日本の関係のみならず、EUと米国との間でも相違が見られる。現時点で、常設投資裁判所構想に賛同し、FTAにおいてその導入に合意している国としては、カナダ、ベトナム、シンガポール、メキシコが挙げられる。

なお、常設投資裁判所の判断により国家の規制権限が制約されるという問題については、EUの協定では国家の規制権限を重視する規定を設ける形で対処されている。CETAであれば、各締約国の規制権限が侵害されることがないことを協定の前文で確認しつつ、正当な政策目的の達成のために各締約国が自国領域内で規制を行う権利を有することを再確認する規定も設けている（CETA第八・九条一項など）。EU司法裁判所も、CETAの各関連規定は、EUが民主的に決定された公益の保護水準に異論を唱えることを許すほどの権限を常設投資裁判所に与えるものではないとする意見（Opinion 1/17、第一六〇段落）を提示している。このように、常設投資裁判所の創設に際しては、それに対する懸念を緩和する形で対処しながら制度設計が進められているが、はたして日本がEU提案にどのように応ずるのかが注目される。

†英国のEU離脱の影響

日EU・EPAが発効したのが二〇一九年二月で、英国がEUから離脱したのは二〇二〇年一月三一日であるため、英国は日EU・EPA発効後に日EU・EPAから離脱する形となったが、実際には、二〇二〇年末までの移行期間の存在により、日EU・EPAの効力はその期日まで英国にも及ぶこととなった。その間に日英間は包括的経済連携協定（日英EPA）の締結に成功したため、移行期間終了後（つまり二〇二一年一月一日以降）の日英間では当該協定が適用され、日EU間では、日英間に関する内容が除外されて日EU・EPAが適用されることになる。基本的に日英EPAは日EU・EPAを基礎とするが、いくつか顕著な相違も存在しており、それが日英間の今後の貿易関係を考察するうえで興味深い。これについては本章の第6節で扱う。

4 RCEP

RCEP（地域的な包括的経済連携）協定は、ASEAN一〇ヵ国に、日本、韓国、中国、豪州、ニュージーランド、インドを加えた一六ヵ国の間で、貿易のさらなる自由化を目指して、二〇一二年一一月に交渉立ち上げが宣言され（二〇一三年五月から交渉開始）、二〇二〇年一一月一五日に署名へと至った協定である。ただし、二〇一九年一一月以降は、インドが交渉に参加しておらず、二〇二〇年の署名には参加していない。

参加国の数と、経済的影響の大きさゆえにやはりメガFTAの一つである。人口規模でいうと、RCEPは全世界の人口の三割（約二三億人）を包摂する。経済規模についても、世界のGDPと貿易総額の三割ほどを占める。

†RCEPの特徴

先ほど、RCEPの説明で「ASEAN一〇ヵ国に加えて」と記載したように、RCEPはASEANが主導する枠組と位置付けられており、それはしばしば「ASEAN中心性」と表現され、「ＡＳＥＡＮが運転席に座っている」と描写される。ＡＳＥＡＮはＲＣＥＰ参加国の全てと二国間での貿易協定を締結しており、それらＡＳＥＡＮ＋１協定（例えば、日ＡＳＥＡＮ・ＥｐＡ）がＲＣＥＰ協定の交渉の土台となっている。

ＡＳＥＡＮがＲＣＥＰを主導することになった背景には、日中間の対立が存在する。中国はＡＳＥＡＮに日中韓を加えた「東アジア自由貿易圏（ＥＡＦＴＡ）」を提唱したのに対して、日本はそれに豪州、ニュージーランド、インドを加えた「東アジア包括的経済連携（ＣＥＰＥＡ）」を提唱した。最終的にＲＣＥＰがＡＳＥＡＮ＋６となったのは、米国がＴＰＰ交渉を推進したことにより、それに対抗するようなアジアの枠組みの推進のために中国が柔軟な態度を示したという背景がある。日中間の議論の中で埋没することを懸念していたＡＳＥＡＮの思惑もあり、ＡＳＥＡＮが主導する形で、ＡＳＥＡＮ＋１を中心としたＲＣＥＰ構想が生まれたのである。

ＲＣＥＰの意義を考えた場合、まず指摘できるのはその経済的利益である。先で述べたように、参加している国の人口や経済規模は他に比肩するものがない水準である。さらに、政治的な意義も大きい。日中韓を中心として、これまでＦＴＡが限られていた、あるいは断片的であった東アジア地域の経済的な連結が強くなることは、この地域の安定に寄与しうる。域外的な影響としては、保護主義の傾向を強める米国への強いメッセージにもなると考えられている。そして、二〇二〇年のパンデミックによる経済の落ち込みが懸念されるようになると、景気浮上策としての意味も込められるようになった。

RCEPについては、その交渉時からいくつか課題が示されていた。以下では、二〇二〇年一一月に最終規定が公表されたことを受けて、それが解消されているのか、検証したい。

†RCEPの課題①——質の低いルール?

法的な観点から見た場合のRCEP協定の課題は、同協定が質の低いルールを保持した協定となることへの懸念である。RCEPは、ルール制定という意味でも影響力は極めて大きい。中国やASEAN諸国が今後、他国とFTAを締結する際の雛形とする可能性や、他地域の国々がメガFTAを進めていくうえでモデルとする可能性もある。そのため、RCEPで「質の低い」合意が形成されてしまうと、それが類似の協定の締結を推進することになり、CPTPPに代表される「質の高い」合意を例外化してしまうことが危惧される。そのようなこともあり、日本は「質の高い」合意を目指すと主張し続けながら交渉を進めていた。ここではそのルールの水準について検証してみる。

まず、全体構造であるが、RCEP協定は全二〇章から構成されており、表14に示されているようにCPTPPと比べて、網羅しているテーマは少ない。とりわけ目立つのが、国有企業、労働、環境に関する章が設けられていない点である。EUの貿易協定と比べても、例えば日EU・EPAにも見られた補助金（産業補助金）についての章も設けられていない。このように、先進的な貿易協定と比較して、不足感があるのは否めないであろう。

続いて、創設されたルールの内容はどうであろうか。ここでは電子商取引と政府調達について取り上げてみたい。最初に、電子商取引や政府調達についての規定が設けられたこと自体は評価されよう。内容に関しても、電子商取引については、先進的な規定がいくつか設けられている。特に、CPTPPの電子商取引章の説明で述べた五つの規定のうち三つについては、RCEP協定においても設けられている。すなわち、①電子的送信に対する関税の不賦課（RCEP協定第十二・十一条）、②電子的手段による情報の越境移転の妨害の禁止（同協定第十二・十五条）、③コンピュータ関連設備を自国内に設置することなどの要求の禁止（第十二・十四条）、については規定が設けられている。他方で、①の電子的送信に対する関税の不賦課は、恒久的なものとすることまでは明言されておらず（第十二・十一条三項および四項）、かつ、デジタル・プロダクトの待遇と、ソース・コード関連の規制についてでは「対話」の対象とされるに留まる（第十二・十六条）。また、電子商取引の章はRCEP協定内に設置された通常の紛争処理手続の対象とはされず、上級職員から構成されるRCEP合同委員会によって解決が図られることになる（第十二・十七条。ただし、この点については見直しの余地が示されている）。このようにRCEP協定の電子商取引に関する規律を最近の主たる協定と比較すると、先進的な規定も設けられているものの、全般的には高い水準とは言い切れない。

表14　CPTPPおよびRCEPが扱っている事項

	CPTPP	RCEP
物品貿易	✓	✓
原産地規則	✓	✓
繊維及び繊維製品	✓	
税関事項及び貿易円滑化	✓	✓
貿易救済措置	✓	✓
衛生植物検疫措置	✓	✓
貿易の技術的障害	✓	✓
投資	✓	✓
サービス貿易	✓	✓
金融サービス	✓	✓
ビジネス関係者の入国	✓	✓
電気通信	✓	✓
電子商取引	✓	✓
政府調達	✓	✓
競争政策	✓	✓
国有企業	✓	
知的財産	✓	✓
労働	✓	
環境	✓	
協力	✓	✓
競争力及びビジネスの円滑化	✓	
開発	✓	
中小企業	✓	✓
規制の整合性	✓	
透明性及び腐敗行為の防止	✓	
制度に関する規定	✓	✓
紛争解決	✓	✓
例外	✓	✓

出所：筆者作成

他方で、コンピュータ関連設備のローカライゼーションに関する規定が設けられたことは注目される。中国は基本的にこの規定に対して消極的で、例えばWTOの電子商取引交渉の場ではそのような規定を設けることに対して賛意を示していなかったためである。もっとも、RCEP協定におけるコンピュータ関連設備の設置や利用の強制禁止規定は、「自国の安全保障上の重大な利益の保護のために必要であると認める措置」には適用されないことが明記されており、さらに、「他の締約国は、当該措置については、争わない」と念が押されている（第十二・十四条三項(b)号）。すでに、RCEP協定の電子商取引章は通常の紛争処理手続の適用対象外とされているため、ここでさらに念を押していることは、安全保障を主張する締約国の裁量をかなり優先させる意思表示と理解されよう。

政府調達については、章は設けられたものの、内実は簡略なものに留まった。これは、RCEP参加国一五カ国のうち、WTOの政府調達協定に参加しているのは五カ国のみ（日本、韓国、シンガポール、ニュージーランド、豪州）という事実を踏まえると、ある程度納得ゆくものではある。章の中に設けられた条文も目的や原則規定、協力を謳う規定に紛争処理手続の不適用などに限定されている。唯一、透明性を目指す規定（第十六・四条一項(a)号）が実体的な義務協定とされているが、それ以外は努力規定が中心である。これまで、中国ないしASEANが締結したFTAにおいて政府調達に関する独立章を設けた協定は存在

表15　CPTPPとRCEPの主な電子商取引に関する規定の相違

<table>
<tr><th>規律内容</th><th>CPTPP</th><th>RCEP</th></tr>
<tr><td>電子的送信に対する関税の不賦課</td><td>締約国間の送信について恒久化</td><td>WTOでの合意に連動（恒久化せず）</td></tr>
<tr><td>情報の電子的手段による越境移転</td><td>移転の自由化（公共政策の正当な目的の達成に必要な制限を許可※）</td><td>移転の自由化（公共政策の正当な目的、自国の安全保障上の重大な利益の保護に必要な制限を許可）</td></tr>
<tr><td>デジタル・プロダクトの無差別待遇</td><td>最恵国待遇および内国民待遇を規定</td><td>対話の対象</td></tr>
<tr><td>コンピュータ設備の設置場所</td><td>コンピュータ関連設備の利用や設置方法の強要の禁止（公共政策の正当な目的の達成に必要な制限を許可※）</td><td>コンピュータ関連設備の利用や設置方法の強要の禁止（公共政策の正当な目的、自国の安全保障上の重大な利益の保護に必要な制限を許可）</td></tr>
<tr><td>ソース・コード</td><td>ソース・コードの移転又はアクセスの要求の禁止</td><td>対話の対象</td></tr>
<tr><td rowspan="2">オンライン消費者保護</td><td colspan="2">消費者保護措置の採用の重要性の認識、消費者保護法令の制定、協力の重要性の認識</td></tr>
<tr><td></td><td>消費者の保護に関する情報の公表</td></tr>
<tr><td rowspan="2">個人情報保護</td><td colspan="2">個人情報保護の法的枠組みの採用、個人情報保護に関する情報の公表</td></tr>
<tr><td>個人情報保護の有益性の認識、個人情報の無差別保護の努力、各国の制度の一貫性の促進</td><td>国際基準の考慮、法人の個人情報保護方針の公表、締約国間の協力</td></tr>
<tr><td>サイバーセキュリティ</td><td colspan="2">責任当局の能力構築、既存の協力メカニズムの利用</td></tr>
<tr><td>紛争処理</td><td>通常の紛争と同じ扱い</td><td>当面は紛争解決章の適用外</td></tr>
</table>

※例外についての章（TPP第29章）における安全保障例外規定を根拠に重大な利益の保護に必要な措置を採用することはできる
出所：筆者作成

しない（ASEAN加盟国が個別に結んだ協定は除く）ため、それと比較すれば進展と言えるが、大幅に進展はしていない。

これらを見ていくと、RCEP協定の国際貿易ルールの発展への貢献は大きくはないと言わざるを得ない。いくつか重要な規定が欠落しており、かつ、規定が設けられていても、その内容が十分とは言えない点も少なくない。もちろん、関税などの貿易障壁が軽減することによる経済的利益は大きいと言え、また、保護主義に傾倒している米国に対する政治的なメッセージという意味でも重要な協定であることは間違いない。しかしながら、ルール形成という観点では物足りないものとなった。RCEP協定においては、協定の発効後五年後から、五年ごとに協定内容の見直しを行うことが決められたため（第二十・八条一項）、その過程でどのようにルールが発展していくのかが重要となろう。

†RCEPの課題②——インドの存在と不参加という結論

RCEPは、インドをメンバーとして含んでいるという意味でも重要であった。その経済的規模のみならず、日本などにとっては、RCEPが中国主導となることを抑止するパートナーにもなるはずであった。しかし、先で述べたように、インドはRCEPから離脱しており、復帰の見込みも定かではない。なぜそのような状況になってしまったのか。

まずインドは、RCEPのみならず、全般的にFTAを通じた貿易自由化に積極的ではないと言える。たしかに、締結済みのFTAの件数は少なくないのだが（WTOには一六件通報）、消極的な内容のものが多い。RCEP交渉において重要となるASEANとの間のFTAにおいても、インド側の関税自由化率（品目ベース）は七八・八％に留まる。そして実際に、RCEP協定の交渉において、自由化度合いの低い提案を行ったことが報道されている。具体的には、中国、豪州およびニュージーランドに対しては四二・五％、日韓に対しては六五％、ASEANに対しては八〇％の品目について関税を撤廃するという提案である。この提案は拒否されたため、インドは再度提案――FTAの締結実績のない中国、豪州、ニュージーランドに対しては例外を設けつつ七〇―七五％の品目で関税を除去――を行ったがやはり受け入れられていない。

インドが慎重な姿勢を取った理由の一つとして、近年インドが、対中貿易で赤字を膨らましていることが指摘される。RCEPの締結は、その赤字をさらに増やすと懸念されたのである。対中アンチ・ダンピング税の発動件数の多さ――インドの発動実績数は米国をも上回って第一位である――も、中国とインドの貿易関係の不安定さを物語っており、インドが中国に対して容易に譲歩できない事情が存在していた。

インドは日本との間においても折り合いがつかない要素があった。交渉過程において日本（および韓国）は、特許保護の強化や、投資紛争における仲裁制度の導入を求めていたのに対して、インドはそれらに消極的な姿勢を示していた。前者については、国家が自国内で新規医薬品の販売を承認する際の条件として、当該医薬品の安全性や有効性に関する未公開試験データなどの提出を要求する場合には、情報提出者の承諾を得ていない第三者が同一製品を販売することを五年間は認めてはならないとするTPP第十八・五十条に相当する規定（TRIPS第三十九条三項のプラス規定）の挿入を求めていたが、インドはそれを拒絶する姿勢を示していた。もっとも、この条項はCPTPPにおいても凍結の対象とされたため、最終的に合意されたRCEP協定においても、開示されていない情報を保護することの重要性の確認に留まっている（RCEP協定第十一・五十六条二項）。

このように、全般的にインドは自由化に消極的な姿勢を示したのであるが、その一方で、インドが市場開放を積極的に要求した分野もあった。それが、「人の移動」（第四モード）である。インドはITエンジニアリングの分野で優れた人材を多く保有しているため、これらの人材が国外で受け入れられることを狙って提案していた（ただし、他の交渉参加国の賛同は得られず）。

結局のところ、このようにインドが多方面で各国と折り合いがつかなかったことは、中印間の政治的な衝突とも相まって、最終的にインドがRCEPから離脱する事態を招いた。

インドが離脱すると、RCEPが網羅する人口は減少するが（インドが参加していれば世界の人口の半分が網羅される）、経済規模については世界のGDPと貿易額の三割程度を示すメガFTAであることは変わりなく、その影響力は依然として大きいと言える。

†RCEPの今後とFTAAP

RCEP協定が締結に至った現在、まず考えられるのは、インドの参加（復帰）の可能性である。RCEP協定は署名時にインドの参加に関して閣僚宣言を採択しており、インドが加盟を希望すればいつでもそのための交渉を開始すること、そして、加盟前であっても、インドがRCEPの会合などにオブザーバーとして参加できることが示された。このように、インドに対して一定の配慮が示されたが、はたしてインドが復帰するのかは不透明である。なお、仮にインドが参加することになれば、スリランカやネパールのようなインド周辺国にも影響を与えることになろう。それらの国々は、インドのRCEP参加に伴う同国との貿易機会の減少や、中国との貿易機会がRCEP加盟国に奪われることを回避するために参加を求める可能性があり、実際にそれを指摘する研究もある。

その他で関心を引くのが、RCEPは拡大するのか、という問題である。まず、RCEPは全ての国や関税地域に門戸を開いている。よって、参加を希望する国がいれば、既存の締約国との同意の上、参加することになる（RCEP協定第二十・九条）。香港がRCEP参加の意思を持っており、実際にASEANとのFTAも二〇二一年二月に全面的に発効している。

長期的な論点としては何があるか。一般的に関心を持たれているのは、「アジア太平洋自由貿易圏（FTAAP）」構想との関係である。FTAAP構想とは、アジア太平洋地域の二一の国と地域が参加するAPEC加盟国間での広域自由貿易圏の創設を目指すアイディアである。目下のところ、これについては、CPTPPが発展してFTAAPとなるシナリオと、RCEPが発展してFTAAPになるシナリオが考えられる。RCEP協定が締結されたことで、後者のシナリオの現実味は増した。しかし、中国がCPTPP参加に興味を示しているという動向に鑑みると、CPTPPがFTAAP構想に与える影響は依然として大きい。これらの動向について予断はできないが、いずれの場合であっても、RCEPの妥結は、このようなアジア・太平洋規模での広域自由貿易圏構築への弾みになると言える。なお、FTAAPへの発展という意味では、途中に日中韓FTAの制定を通じて、RCEP協定以上のルールを浸透させる過程も考えられる。

5　日米貿易協定

†経緯と日米貿易協定の特徴

米国がTPP／CPTPPに参加していれば、日米の双方にとって二国間のFTAの締結は喫緊の問題とはならなかったはずであるが、すでに述べたようにトランプ前米大統領が離脱を表明したため、両国間のFTAが存在しない状態が継続することとなった。しかし、（おそらく米国の予想に反して）CPTPPが発効したため、米国は日本市場へのアクセスという観点で、豪州やカナダなどのCPTPP加盟国の後塵を拝することになった。日EU・EPAの効果も含めると、牛肉や豚肉については、日本への主な輸出国でFTAによる特恵関税の恩恵を受けていないのは米国のみという状況にさえなっていた。他方で、日本にとっても、米国が一九六二年通商拡大法二三二条に基づいて自動車に追加関税などを課す懸念があったことから、それを回避するためにも、協定交渉に応じることが必要な状況となっていた。

こうした背景を受けて、二〇一九年四月に実際に開始された交渉は、同年九月には物品に関する協定である「日本国とアメリカ合衆国との間の貿易協定」（これが日米貿易協定と呼ばれる協定）と、「デジタル貿易に関する日本国とアメリカ合衆国との間の協定」（日米デジタル貿易協定）の最終合意を確認する日米共同声明の発出に達し、翌月には二つの協定の署名が行われるに至っている（二〇二〇年一月一日発効）。日米間の貿易交渉は段階的に協定を締結する形式が採用されたため、二〇二〇年一月に発効した日米貿易協定と日米デジタル貿易協定は、第一段階の協定となる。以下では、それら二つの協定の内容について説明する。

†日米貿易協定

日米貿易協定（物品貿易に関する協定）については、一言で特徴を示すとしたら、「TPPの内容が復活した」となるであろう。つまり、日米貿易協定とTPP協定とで内容に重複があるものについては、その実質は同一とされた。段階的な約束であれば、TPPが米国についても予定通り発効していたら二年目に該当する約束を起算点として、それ以降の約束が設けられる形が採用されている。例えば牛肉についての日本の関税であれば、TPPでは協定の発効から一年目で二七・五％、二年目で関税率を二六・六％に削減し、その後も漸減を続けて一六年目以降は九・〇％で固定することが合意されていたのに対して、日

表16　日米貿易協定及びTPP協定における農林水産品の義務内容の例

約束水準	品名	日米貿易協定の内容	TPP協定の内容
TPPプラス	なし	—	—
TPPと同水準	牛肉	関税の段階的削減、セーフガードの設定	
	豚肉	関税の段階的削減・撤廃、セーフガードの設定	
	小麦	マークアップ※を2026年度まで削減、米国対象の輸入枠の設定	
	モッツァレッラチーズ	現状維持	
	ワイン	TPP協定発効後8年目に関税撤廃	
TPPマイナス	コメ	すべて協定対象外	米国対象の輸入枠を創設
	加糖調製品	譲許せず	TPP参加国対象の輸入枠の設定
	清酒、焼酎	譲許せず	発効後11年目に関税撤廃
	林産品	譲許せず	各種産品の関税の撤廃
	水産品	譲許せず	各種産品の関税の削減・撤廃

※政府が輸入時に徴収する差益をいう
出所：農林水産省（2019）および上谷田（2020）を基に筆者作成

米物品貿易協定においては、ＴＰＰ二年目の約束である二六・六%を一年目として開始させ、一五年目以降で九・〇%固定が実現されることになる。豚肉、小麦、ワインなどについても、同様にＴＰＰの内容が復活した形となった。

よって、これらの内容は、米国側からしてみれば、ＴＰＰ離脱で失った利益をそのまま回復させることになるのであり、日本側からするとＴＰＰ以上の譲歩を求められずに済むことを意味する。さらに言うと、林産品、水産品、そしてコメなどについては、約束を負わなかったという点で、「ＴＰＰマイナス」と言える。

反対に、米国側の譲許で注目されたのが日本からの自動車と自動車部品に対する米国の関税であった。本協定では結局、米国は「関税の撤廃に関して更に交渉する」（附属書Ⅱ、一般的注釈7）としたものの、即時の撤廃や削減には応じなかった。しかし、同時に、協定を誠実に履行している間については、先述の米国一九六二年通商拡大法第二三二条に基づく追加関税を課さないことを約束したとされる記述を、日米共同声明に記すことにもなった。

このように本協定は、日本からすると、利益は小さかったが損害も小さく抑えられたという内容であったと言え、このような結果を踏まえて、日本にとっては有利な交渉成果であると評価する見解も有力である。

†日米デジタル貿易協定

日米デジタル貿易協定も基本的にはTPP／CPTPPの電子商取引章を踏襲している。CPTPPの説明（本章第2節）で示した五つの規定——①電子的送信に対する関税賦課の禁止（日米デジタル貿易協定第七条）、②デジタル・プロダクトの無差別待遇（同協定第八条）、③電子的手段による情報の越境移転（第十一条）、④コンピュータ関連設備の自国内の設置の要求の禁止（第十二条）、⑤ソース・コード移転要求の禁止（第十七条）——については、日米デジタル貿易においても創設されており、その内容もおおむね同一である。細部の相違としては、電子的手段による情報の越境移転に関する規定が、電子的な「移転を禁止し、又は制限してはならない」という記述になっており、電子的な「移転を許可する」とするCPTPPの規定とは異なる書きぶりとなっている点がある。日米デジタル貿易における規定では、条件付きの許可であっても情報の移転を禁止ないし制限することになれば認められない、つまり、より厳格な規定になっていると解しうる。また、コンピュータ関連設備の自国内設置の要求について、CPTPPは「公共政策の正当な目的を達成する」場合にはそれが認められることを同一規定内に記載するが、同様の記述は日米デジタル貿易協定には存在しない（ただし、同協定第三条および第四条の各例外規定の適用対象とはなる）。

加えて、日米デジタル貿易協定には、いくつかCPTPPに追加的な項目が存在する。例えば、暗号法を使用する情報通信技術（ICT）産品についての規定が設けられており（第二十一条）、他の締約国のICT産品の製造者などに対して、暗号法に関連する情報の自国への移転を要求することや、自国の事業者などと提携することを要求することなどが禁じられている。もっとも、この規定は、チリ、ニュージーランド、シンガポールの三国間で二〇二〇年一月に合意されたデジタル経済連携協定（DEPA）第三・四条や、シンガポール・豪州間のデジタル経済協定（DEA）を受けて改正されたシンガポール・豪州FTAの第十四章第七条においても採用されており、今後も各協定において採用されていく可能性が高い。

†日米貿易協定はWTO協定違反？

日米貿易協定が締結された際には、同協定はWTO協定に違反しているのではないかとする興味深い法的論点が提起された。すなわち、第3章で論じたGATT第二十四条に規定されるFTAの要件を満たしていないのではないかという疑念である。

まず、GATT第二十四条八項は、ある貿易協定がWTO協定でいうFTAとして認められるためには、締約国間の関税や制限的な通商規則を「実質上のすべての貿易について」廃止することを求める。日米貿易協定は削減の対象とする関税の範囲が小さい（前掲表16の中の「譲許せず」などが示すように）こともあり、関税撤廃率が貿易額ベースで日本側が八四％、米国側が九二％となっている（これは「更に交渉」予定の米国の自動車および自動車部品の関税撤廃を含めた数値である）。先進国間のFTAであれば締約国の双方が九〇％を超えることは珍しくなく、この水準では「実質上のすべての貿易について」の要件を満たさないと疑われてもおかしくはない。

仮に当該要件を満たさないということになるのであれば、次に、今後の交渉に期待して第一段階の協定を「中間協定」とみなすことができるかが問題となる。本書の第3章第1

節で、中間協定について解説した際に述べたように、中間協定といえるためには、一〇年が原則とされる「妥当な期間内」に自由貿易地域が完成し、かつ、そのための「計画及び日程を含むもの」であることが必要となる（GATT第二十四条五項(c)号、第二十四条解釈了解第三項）。前者については、一〇年は義務ではないため、その期間を超えて段階的な自由化が行われたとしても直ちに違反とされるわけではない。他方で、後者の「計画及び日程」については、日米貿易協定それ自体には計画は明記されておらず、例えば日米共同声明に「関税や他の貿易上の制限、サービス貿易や投資に係る障壁、その他の課題についての交渉を開始する意向がある」とある。そこで、日米共同声明におけるこの記述が「計画及び日程」に該当するかが問題となるが、この点については、そのような簡略な説明で要件を充足すると認定することに懐疑的な声も聞かれる。

なお、この日米貿易協定のGATT第二十四条充足性の問題は、二〇二〇年の日本の貿易政策検討（TPR）時に、日本の通商政策に関する質問の一部として、各国（中国、ニュージーランドなど）から提起されている。

†日米貿易協定の今後

日米間の貿易交渉の第二段階は二〇二〇年五月までには始動させる計画であったが、新型コロナウイルス感染症の影響もあり、結局、開始されることなく両国とも政権が交代する状況となった。今後はどのようになるのか。

まず、先ほど述べたように、現段階の日米貿易協定はGATT第二十四条との整合性が疑われる状況にある。第二段階以降の協定が締結されていくことになれば、関税撤廃の対象が広がっていくため、「実質上のすべての貿易」要件を満たす可能性は高まっていく。その意味では、協定の交渉が継続されることが望まれる。

他方で、今後の日米間の協定内容がTPPに近似するのであれば、TPP／CPTPPに米国が復帰することが効率的とも言えるため、復帰論につながるかもしれない。しかし、バイデン新政権はTPP／CPTPPに復帰する姿勢を示しておらず、また、米国にとってそのような選択肢が望ましいかは定かではない。というのも、日米間で貿易協定を拡大することは、CPTPPよりも先進的なルールを形成することが可能というメリットを有するためである。例えば、米国がルール制定を望んできた分野として為替操作の問題がある。USMCAでは、締約国は、IMF（国際通貨基金）協定に基づいて為替レートを操作しないことの確認や、市場によって決定される為替レート制度を実現すること、競争的な通貨切下げを回避すること、そして、経済の基礎的条件（ファンダメンタルズ）を強化することなどが求められている（第三十三・四条）。これと同様の規定はCPTPPには存在しないため（ただし、かつて共同宣言として存在していた）、仮に同協定に追加するとなると、全ての締約国が合意することが必要な改正の過程を経なければならない（TPP第三十・二条がそのまま維持・適用されるのであれば）。労働問題などについても、USMCAではCPTPPより強化された規律が導入されているため、それを達成するためには日本との二国間協定の方が実現可能性は高い。このように、変化の目まぐるしい貿易環境とそれに対処する規律の進展を踏まえると、時間が経てば経つほど、米国のTPP復帰は困難になっていくものと予想される。

6 日英EPA

英国が二〇二〇年一月三一日をもってEUから離脱したことを受け、急激に注目が高まったのが日英包括的経済連携協定（日英EPA）である。交渉が開始されたのは二〇二〇年六月九日で、同年九月一一日には大筋合意、一〇月二三日には署名、二〇二一年一月一日に発効へと展開している。英国がEU加盟国とほぼ同等に扱われる移行期間は二〇二〇年一二月三一日までであったため、日英EPAの早期発効により、日英間に貿易協定が存在しない空白期間を作ることを阻止できたことになる。

日英ＥＰＡがスピード決着した背景には、日英双方の利害関係が一致したことにある。まず、日本側であるが、英国がＥＵから離脱したことにより、英国についての日ＥＵ・ＥＰＡの効果が損なわれることへの対処が必要となる。とりわけ、日本からＥＵへの投資先の三分の一程度は英国であるため、貿易協定の効力が英国に及ばなくなることの影響は無視できないものであった。さらには、二〇一九年八月に韓国がいち早く英国とのＦＴＡの締結に成功（署名）しており、ＥＵ・韓国ＦＴＡや韓国・米国ＦＴＡと同じように日本に先駆けて締結されるという背景も存在していた。これらの事情から、日本にとっては迅速に英国と貿易協定を結ぶことが重要となっていた。

英国側はもっと切迫した状況と言え、ＥＵからの離脱は、ＥＵがこれまで締結したＦＴＡが英国にとっては無に帰すことも意味するため、それらの利益の消失を最小限に留めるための協定交渉が必要となる。さらに、政治的な側面からも、英国のアジアでのプレゼンスを高めることや、英国が非ＥＵ加盟国と貿易協定を締結することで英国が独立して国際的な外交展開が可能な姿勢を示す――つまり、「グローバル・ブリテン」の考えの実現――という点でも重要であった。

日英ＥＰＡは、締結を急いだことなどから結果的に日ＥＵ・ＥＰＡを踏襲したものとなったが、要所要所で異なる点も存在する。目立つところでは、第二十一章の「貿易及び女

表 17　日英 EPA において追加された規定の例

追加規定※1	内容	類似の規定
情報の電子的手段による越境移転（第 8.84 条）	事業の実施のために行われる情報の電子的手段による越境移転の制限の禁止	TPP 第 14.11 条、日米デジタル協定第 11 条
コンピュータ関連設備の設置（第 8.85 条）	自国内で事業を実施するための条件として、自国内のコンピュータ関連設備を利用させることや、自国内に設備の設置を要求することの禁止	TPP 第 14.13 条、日米デジタル協定第 12 条※2
暗号法を使用する ICT 製品（第 8.86 条）	暗号法に関連する情報の自国への移転の要求、ICT 製品の開発などに際して自国内の事業者などと提携することの要求の禁止など	日米デジタル協定第 21 条
悪意による商標（第 14.24 条）	権限当局が、悪意で行われた商標の出願の拒絶や登録を取り消す権限の認可	—
知的財産権侵害に対する刑事上の制裁（第 14.58 条）	各知的財産権侵害行為に対する刑事上の手続および刑罰の制定	TPP 第 18.77 条※3
デジタル環境における権利行使（第 14.59 条）	デジタル環境において生ずる知的財産権の侵害行為に対する権利行使の手続の確保など	（TPP 第 18.82 条※4）

※1　括弧内は日英 EPA の条文番号
※2　公共政策の正当な目的を達成するための措置が合法であると明示する規定が同一条項内に設けられていない
※3　著作権などの侵害を非親告罪化することを求める TPP 第 18.77 条 6 項（g）号に相当する規定は日英 EPA 第 14.58 条には含まれていない
※4　この規定は CPTPP においては凍結の対象とされている
出所：筆者作成

性の経済的エンパワーメント」の追加であろう。ここでは女性が国内外の経済に衡平に参加することを妨げる要因を軽減するために、日英間で経験を共有すること（第二十一・一条二項）などが目指されている。英国においてこのテーマは「グローバル・ブリテン」構想の一つの重要な要素として位置づけられている。なお、女性の参加に関する規定はCPTPPにも設けられている（TPP第二十三・四条）。

　関税の撤廃では、日EU・EPAにおいて認められていた自動車部品などにおける関税の即時撤廃が維持された上に、鉄道用車両やその部分品、ターボジェットとその部品などが、追加的に即時撤廃の対象とされている。

ルールの面でいうと、まず、電子商取引において規定が拡充されている。具体的には、電子的手段による情報の越境移転の制限の禁止、コンピュータ関連設備の自国内の設置要求の禁止、暗号法を使用するICT製品の情報移転の要求などの禁止規定などが追加されている。また、知的財産章においても、悪意で行われた商標の登録を拒絶する、あるいは取り消す権限を当局に付与する規定や、商標や著作権などの知的財産権を侵害する行為に対する刑事上の手続や刑罰の制定・拡充を求める規定、デジタル環境における知的財産権の侵害に対する権利行使に関する規定などが追加されている（表17参照）。これらの多くはCPTPPにも挿入されており、英国のCPTPP参加へとつながるものと位置づけられる。

7 日本のFTA政策の今後

二〇二〇年は新型コロナウイルス感染症の影響で、国際的な通商政策も停滞気味となったが、日本のFTA政策はここ数年で、CPTPP、日EU・EPAそしてRCEPという三つのメガFTAの発効ないし署名の実現、そして、日米貿易協定のひとまずの締結など、大きな進歩を遂げてきた。まだ、日米貿易協定がどのように発展するか不透明ではあるものの、主だった貿易相手国との協定が締結されたことから、階段の「踊り場」（小休止）といえるような位置の近くまで来たと捉えることができよう。

そのような日本のFTA政策であるが、今後はどのように展開するのであろうか。外務省によると、二〇二一年三月時点で、日本がFTAを交渉している国は、トルコ、コロンビア、日中韓、そして、中断しているのはGCC（湾岸協力理事会）、韓国、カナダとなっている。メルコスール、ロシア、中央アジアや中東などがそれらに続く候補になると考えられるが、これは国際的な動向を睨みつつ進めることになろうか。

このような状況下で、今後の日本のFTA政策を考えた場合、次の三点が重要と言えよう。第一が、既存のメガFTAの拡張に向けた取り組みである。これはCPTPPについての項目をはじめ、本書で繰り返し述べてきた点である。そして第二が、既存のFTAの現代化である。NAFTAとUSMCAに代表されるように、既存のFTAの中には内容がもはや陳腐化したものも出始めており、アップデートの作業が国際的に目立つようになってきている。日本については、初期のFTAの多くはCPTPP加盟国でもあるため、事実上、協定内容が更新されていると言えるが、それでもシンガポールと豪州のFTAが電子商取引の章を改正したように、さらに新しいルール制定を目指して協定を更新することは有意と言える。そして、第三が、存在感を増してきたＦＴＡとＷＴＯとの関係の再検討である。ＦＴＡとＷＴＯが併存する時代に入っている以上、両者を分断せずに共存させることが必要となる。これについては最後の章において論じたい。

終　章

WTO・FTA共存の時代

ヤン・ステーン「大人が歌えば子どもが笛吹く」(1668-1670年)
オウム(左上)はこの絵の頃、貿易の対象物だったようだ。
貿易の歴史の長さを物語っている。

†ＷＴＯとＦＴＡの相互補完関係

本書では、一九九五年に発足したＷＴＯが、発足から二〇年経過した頃から特に困難に直面している様子を描いてきた。また、ＷＴＯの停滞と並行して、各国はＦＴＡ政策を強化しており、近年は重要な――規模と内容の双方で――協定が出現してきていることも示した。まさに現在は、ＷＴＯとＦＴＡが共存している時代に突入しているのである。

昨今の情勢を見る限りでは、ＷＴＯが国際貿易・経済関係を一極的に統治する時代にすぐに回帰するとは考えづらく、より強力なＦＴＡや有志枠組が併存する「多極体制」がしばらくは続くであろう。もちろん、それは決してマイナスの意味を持つものではない。ＦＴＡなどの存在は、ＷＴＯでのルール制定の機能不全を補完するものであり、新時代における貿易・経済ルールを醸成していくうえで重要な推進力となる。ＦＴＡはある種の「実験の場」を提供するのであり、そこで形成されたルールの試験的な運用を経てＷＴＯの多国間枠組みに昇華することになれば、より望ましいルール・メイキングが達成されるかもしれない。

紛争処理についても、ＷＴＯとＦＴＡの共存はメリットがあると言えよう。かつて、ＷＴＯに付託されていた事例は、紛争参加国以外にとっても関心を引くものであり、それゆえにＷＴＯという舞台で解決を図ることに意義があった。しかし、地域的な、あるいは、二国間の紛争の中には、必ずしも世界規模の紛争として取り扱う必要のないものもあるだろう。そのような紛争がＦＴＡなどにおける紛争処理制度に付託されれば、ＷＴＯの負担を軽減することや、不必要に大規模化することが回避できるというメリットが発生する。さらに、ＦＴＡがＷＴＯにプラスの効果を還元することは紛争処理でも考えられ、ＦＴＡ紛争を通じて醸成された考えが、ＷＴＯ紛争処理制度に有益な示唆を与えることもありえる。このように、ＷＴＯとＦＴＡの併存は、それまではＷＴＯが第一の選択肢とされた事案についても、改めてその適切性を問う良い機会となろう。そこで、この終章では徐々に増えつつあるＦＴＡ紛争事例の内容と特徴に焦点を当てる。

†ＦＴＡに付託された紛争例

表18に、比較的最近にＦＴＡに付託された貿易紛争を取り上げた。表からもわかるように、二〇一四年以降で判断が示された事例は四件ある。このうち一件目が、エルサルバドルが、ＣＡＦＴＡ―ＤＲ下で与えるべき特恵関税を適切に付与しなかったとして、コスタリカによって申し立てられた紛争である。そして、二件目が、同じくＣＡＦＴＡ―ＤＲの下で、グアテマラの労働法の執行懈怠が争われた紛争である。この仲裁パネル報告の内容

表18　FTAに付託された近年の紛争事例

	FTA	状況	紛争の対象
報告書が公表済み	CAFTA-DR	仲裁パネル報告書の公表（2014年11月）	エルサルバドルの特恵関税をめぐる紛争（コスタリカ申立て）
	CAFTA-DR	仲裁パネル報告書の公表（2017年6月）	グアテマラの労働法の適用懈怠に関する紛争（米国申立て）
	EU・ウクライナ連合協定	仲裁パネル報告書の公表（2020年12月）	ウクライナによる木製品の輸入禁止（EU申立て）
	EU・韓国FTA	専門家パネル報告書の公表（2021年1月）	労働基準の引き上げ（EU申立て）
協議要請又はパネル設置要請済み	米国・ペルー貿易促進協定	協議要請（2019年1月） ※2019年4月に解決	森林資源及び野生生物監督機関（OSINFOR）の独立性をめぐる紛争（米国申立て）
	EU・南部アフリカ開発共同体（SADC）EPA	パネル設置要請（2020年4月）	鶏肉に対するSADCのセーフガード措置（EU申立て）
	EU・アルジェリア連合協定	協議要請（2020年6月）	アルジェリアによる一連の貿易制限措置（EU申立て）
	USMCA	協議要請（2020年12月）	乳製品に対するカナダの関税割当制度（米国申立て）
	USMCA	協議要請（2020年12月）	太陽光発電製品に対する米国のセーフガード措置（カナダ申立て）

出所：筆者作成

は第4章第2節で論じた。そして、二〇二〇年一二月に仲裁パネルの判断が示されたのが、ウクライナによる木材の輸出禁止をEUが申立てた事例である。二〇二一年には、EU・韓国FTA下における労働問題関連の専門家パネル報告書が公表されている。最後の二つの紛争のうち、まずはEU・韓国FTA下における労働関連紛争を先に簡単に説明し、EU・ウクライナ間の事例については、WTO・FTA共存体制に重要な示唆を与える事例であるため、後に改めて論じる。

EU・韓国FTAに付託された韓国の労働基準をめぐる紛争は、EUが韓国の労働組合関連法を問題視して提起したものである。具体的にEUが指摘したのは、①韓国の労働組合法における「労働者」の定義が狭い（同法の適用対象に含まれる労働者の範囲が狭い）、②韓国の労働組合法は、「労働者」の定義に含まれない人が加入できる組織を労働組合として認めていない、③同法は、労働組合の役員を組合員から選定することしか認めていない、④同法は、労働組合の登録に際して、当局の裁量を認める認証制度を設けている、の四点であり、これらが、基本的な権利の尊重を要求するFTA第十三・四条三項に違反するというものであった。加えて、韓国はいくつかの国際労働機関（ILO）の中核的な条約を批准していないとして、やはりFTA第十三・四条に違反しているとも主張していた。それらに対して専門家パネルは、①から③についてはFTA規定違反を主張するEUの主張を支持し、④についてはEUの立証不十分と認定した。また、中核的な条約の批准については、その遅れを指摘しつつも、協定規定に違反しているとは言えないと結論付けている。

なお、労働問題を扱う本紛争は、やや特殊な手続を踏むこととなっている。紛争の検討に際しては専門家によるパネルが構成され、そこで報告書が示されるという点では通常のパネル手続と類似するが、報告書の履行については、貿易及び持続可能な開発に関する専門委員会によってモニタリングされることになり（EU・韓国FTA第十三・十五条二項）、通常の手続のような対抗措置は想定されていない。

USMCAにおいても早速二つの協議申請が行われている。一つ目が、二〇二〇年一二月九日に米国が、カナダの乳製品の関税割当制度の運用を問題視して協議開始を要請した事案である。二つ目が、先の協議申請のわずか後の一二月二二日にカナダによって行われた協議申請で、米国による太陽光発電製品の輸入に対するセーフガード措置のUSMCA違反が主張されている。カナダは、米国の措置が、セーフガードの適用対象からUSMCA締約国は基本的に除外すると定めるUSMCA第十・二条などに違反すると主張している（その他の紛争事例については表18参照）。

これら一連の事例は、基本的にはFTA固有の規定が主たる争点とされているため、各FTAにおける手続のみが利用可能である。そのような中でEU・ウクライナ連合協定下で争われた木材の輸出禁止についての紛争は、WTOにおいても提訴が可能であった案件として注目される。以下、その報告書の内容について説明したい。

本件では、ウクライナによる木材の輸出禁止がEU・ウクライナ連合協定第三十五条に規定される数量制限に該当すると主張され、それが同協定第三十六条によって正当化されるかが争点とされた。この構図はWTOであれば、GATT第十一条の数量制限規定に違反した措置が、同第二十条の一般的例外条項で正当化されるかという形と近似する。実際に、ＥＵ・ウクライナ連合協定第三十五条はＧＡＴＴ第十一条に言及しており、連合協定第三十六条はＧＡＴＴ第二十条を組み込むことを明記する規定である。仲裁パネルの判断も、実質的にはＧＡＴＴ規定の解釈となっており、ＷＴＯにおける紛争に極めて近似している。

さらに言うと、ＷＴＯとの近似性は手続規定についても同様に確認される。本件では、ウクライナが、この紛争はもっぱら林産品の貿易に関連する事例であるために、「貿易及び持続可能な開発」について規定する第十三章の特別な手続を利用すべきと主張したが、仲裁パネルは、それを認めなかった。その理由の一つは、ウクライナのかかる主張が手続の遅い段階（口頭審理）に提示されたことであった。その際に仲裁パネルは、遅い段階での手続上の異議は、ＷＴＯでもパネルの検討対象には含まれないと述べている。

なお、本件仲裁パネルにおいては、パネリストの一人は元上級委員で、もう一人はＷＴＯのパネリストの複数回経験者ということもＷＴＯとの近似性に寄与したものと考えられる。

このように、ＷＴＯにおいても争うことが可能であった事例がＦＴＡの手続に付託されたことは興味深い。今後、ＷＴＯの上級委の機能不全を受けて、ＷＴＯに付託できるような案件がＦＴＡに付託される例が増えたとしても何ら不思議ではないだろう。

†共存体制の課題、そして今後の国際貿易・経済体制

ここまで、共存体制という現代的事象について肯定的に捉えてきたが、数多くの課題が存在するのも事実である。

第一の懸念は、「断片化」とも表現されるルールの多様化と非一貫性である。ルール形成がFTAや地域枠組において形成されるようになると、それぞれが都合の良いルールを作成し、国際的に非統一となる状態の創出につながる。たしかに、これは「多極体制」の宿命であり、そもそも多様なルールを形成したいがために多極化が進んでいることに鑑みると、これを問題ととらえること自体がナンセンスとも言える。しかしながら、現実的に考えた場合、国際貿易をはじめとする国際経済活動は、一定の地域や一部の国家間で留まるものではなく、まさに「グローバル化」しているのである。よって、異なるルールが乱立すると、経済活動を行う当事者にとっては混乱を招くことになり、貿易や経済活動の阻害要因となりえる。目下のところ、米国、EU、中国といった国が、国際ルールを形成するうえでのハブ（中心点）となっており、それぞれが異なる経済状況や文化的背景を踏まえてルール形成を行う傾向が目立っている。今後、ロシアやブラジル、インドといった国がよりFTA締結を進めることになれば、より一層、錯綜した状況になることも懸念され

る。絶えず、ルールを統一や調和の方向へと向かわせるベクトルが働いていることが肝要となろう。

第二の懸念が、多極的なルール形成の下では、「法の支配」よりも「力の支配」が強まりかねない点である。やはり、多国間枠組みであるWTOでは、力に優れる国家が自らの価値を貫き通すことは難しい。これがWTOにおける決定を遅らせている要因となっているが、それは他面では、法の支配が実現されていることも意味する。FTAでは強国の「力」を、「法」や「数」で封じることは難しく、どうしても経済力に優れる国家の利益が反映されやすい。

おそらく「力」の格差を背景に制定されたFTA規定が、WTOのようなフォーラムで調整や統合されることなく断片化し固定化されることが、共存時代において避けるべきシナリオの一つであろう。これは、各国が自己にとって都合のよい国を優遇するような貿易政策を進めた戦前のブロック経済と重なるところもある。しかし、当時と現在の相違はWTOという強力な枠組みの存在であろう。このWTOを上手く活かして、FTA間の調整や調和を進めつつ、FTAとWTOがうまく共存する国際貿易体制を構築することが、今後の国際貿易・経済体制に求められるのではないか。

あとがき

　本書を執筆した契機は、冒頭でも触れたように、国際的な貿易関係が、ＷＴＯの一極集中的な規律から数多くのＦＴＡと併存して規律されるという、国際貿易法領域の複雑化が進む中で、各ルールを包括的かつ法的に論じる書籍が少ないことにある。そのことを受け、本書では極力多くの貿易協定を取り上げ、横断的に論じることを試みた。筆者の能力不足ゆえに適切に全体像を描き切れたかは心許ないが、可能な限り横断性を意識したつもりである。今後、さらに貿易協定が増えてくると、より一層、横断的な分析が必要となると思われるので、そのような視点は今後も維持してゆきたい。

　本書はタイトルをあえて「国際貿易法」とした。これは日本では馴染みが薄い呼称であろう。このタイトルで開設されている大学の講義もあまり見かけないと思われる。しかし、ＷＴＯの発展と停滞、そしてＴＰＰ／ＣＰＴＰＰをはじめとする少数国間の貿易協定の乱立という現状に鑑みると、国際貿易法という領域は時間をかけて学ぶに値するほど広範囲で詳細な法分野になってきていると思われる。もちろん、周辺領域、すなわち投資や金融などの経済問題を広く含めた国際経済法はもとより、国際法、経済法、国際取引法などの法領域と連動した国際貿易法の理解が重要であることは言うまでもないが、本書は貿易問題に特化することで、読者がその仔細を適切に把握することを目指した。

本書を執筆するに際して、筑摩書房をご紹介頂いた松尾秀哉先生（龍谷大学教授）に厚く御礼を申し上げたい。同先生とは特に近年懇意にさせて頂いており、本書の執筆に際して、貴重なご助言を賜った。また、坂入遼君（慶應義塾大学大学院助教〔有期・研究奨励〕）、大﨑祐馬君（オーストラリア国立大学大学院博士課程）には、本書の細部について丁寧にチェックして頂いた。私自身が勉強になる大変有益な意見交換の機会となった。言うまでもなく、文中の誤りは全て筆者の責に帰すものである。また、本書の一部は、JSPS科研費基盤研究（B）「国際経済紛争処理手続の比較法的分析」（研究代表者、阿部克則、18H00799）および基盤研究（C）「「市場と政府」に対する国際経済枠組の規律アプローチの分析」（研究代表者、関根豪政、20K01321）の助成を受けた研究成果に基づく。

本書の執筆初期（二〇二〇年一月〜二月）には、外務省の依頼を受けて訪欧し、欧州各国で日EU・EPAの近況や論点について報告する機会に恵まれ、本書の執筆にも大いに役に立った。その準備段階では多くの外務省関係者からコメントを頂くと同時に、現地でも様々な人との議論を通じて多くを学ぶことができた。ここに記して御礼申し上げたい。

しかし、その欧州滞在中から、徐々に雲行きが怪しくなっていたのが、新型コロナウイルス感染症問題である。新型コロナウイルスは我々の生活や思考を大きく変えることになったが、国際貿易法分野に与えた影響も小さくはない。同時に、マスクなどの個人防護具や食料品、ワクチンの輸出規制などの問題が発生するたびに、国際的な貿易ルールの重要性を再認識させられる。今後も、この学問分野の重要性は色あせないであろう。

新型コロナウイルス感染症の拡大は、本書の執筆にも影響を与えた。緊急事態宣言が発せられたことにより、研究室へアクセスしづらくなり、必要な書籍の流通が滞った時期もあった。それでも、ネット環境の発展により、自宅にいても読み切れないほどの資料や情報は手に入り、研究仲間ともオンラインで議論を行えた。新型コロナウイルスの影響下でも、ライフラインの維持に努めていただいた数多くの方には感謝を表しきれない。そのような不自由さの中で、原稿の遅れにご辛抱頂き、脱稿後もご助言を頂いた筑摩書房新書・選書編集部の松田健さんには心から感謝申し上げたい。

最後に、テレワークの影響で自宅にいる時間が増え、仕事のストレスを家庭に持ち込んでしまったにもかかわらず、仕事がしやすいようにサポートしてくれた妻と娘にも感謝したい。小学生の娘が本書の内容を理解できるようになる日が待ち遠しい。

主要参考文献

全般

飯野文（二〇一九）『WTO・FTA・CPTPP　国際貿易・投資のルールを比較で学ぶ』弘文堂

小林友彦・飯野文・小寺智史・福永有夏（二〇一六）『WTO・FTA法入門（第二版）：グローバル経済のルールを学ぶ』法律文化社

経済産業省通商政策局（二〇二〇）『不公正貿易報告書　二〇二〇年版』樹芸書房

国際貿易投資研究所（二〇二〇）『WTO改革の課題と方向』ITI調査研究シリーズ九八（http://www.iti.or.jp/report_98.pdf）

ジェトロ（二〇二〇）『ジェトロ世界貿易投資報告：不確実性増す世界経済とデジタル化の行方』ジェトロ（https://www.jetro.go.jp/world/gtir/2020.html）

中川淳司（二〇一三）『WTO：貿易自由化を超えて』岩波書店

中川淳司・清水章雄・平覚・間宮勇（二〇一九）『国際経済法（第三版）』有斐閣

松下満雄・米谷三以（二〇一五）『国際経済法』東京大学出版会

松下満雄・清水章雄・中川淳司（二〇〇九）『ケースブックWTO法』有斐閣

柳赫秀（二〇一八）『講義国際経済法』東信堂

Lester, Simon et al. (2018) *World Trade Law: Text, Materials and Commentary, 3rd Edition*, Hart.

Matsushita, Mitsuo et al. (2015) *The World Trade Organization, 3rd edition*, Oxford University Press.
Mavroidis, Petros C. (2016) *The Regulation of International Trade*, MIT Press.
Trebilcock, Michael et al. (2013) *The Regulation of International Trade, 4th Edition*, Routledge.
Van den Bossche, Peter and Zdouc, Werner (2017) *The Law and Policy of the World Trade Organization: Text, Cases and Materials, 4th edition*, Cambridge University Press.

第1章

石川義道（二〇一七）「IUU漁業対策としての特定国に対する輸入制限：地域漁業管理機関における実行とEUの動向の分析」成城法学八五巻
岩田伸人（二〇一九）「WTOのデジタル貿易ルールは可能か―二〇一九年一月二五日の「電子商取引に関する共同声明」から―」貿易と関税六七巻四号
上野麻子（二〇二〇）「WTO電子商取引交渉の経緯と現状」日本国際経済法学会年報二九号
梅島修（二〇一七）「ターゲットダンピングの認定・補助金の特定性と配賦」国際商事法務四五巻四号
尾島明（一九九九）『逐条解説　TRIPS協定：WTO知的財産権協定のコンメンタール』日本機械輸出組合
外務省（二〇二〇―二〇二一）「連載企画：なぜ、今、WTO改革なのか」(https://www.mofa.go.jp/mofaj/ecm/it/page25_002061.html)
川瀬剛志（二〇一九）「米国一九六二年通商拡大法二三二条発動に対するリバランス措置の正当性：WTO協定による一方主義禁止の射程」上智法学論集六二巻三・四号

経済産業省（二〇二〇）『令和２年版通商白書』(https://www.meti.go.jp/report/tsuhaku2020/whitepaper_2020.html)
小嶋道人（二〇一五）「ＷＴＯ貿易円滑化協定の成立に向けた交渉の最終プロセスについて」貿易と関税二〇一五年九月号
小寺智史（二〇一九）「アメリカ第一主義とＷＴＯ―トランプ政権の一方的措置とＷＴＯ加盟国の反応」論究ジュリスト三〇号
坂入遼（二〇一九）「ＷＴＯ補助金規律における資金的貢献要件の意義と課題：輸出者に『競争優位』をもたらす原材料の輸出制限を素材にして」法学政治学論究一二三号
清水茉莉（二〇一七）「ターゲットダンピングの認定手法の適用」国際商事法務四五巻一一号
菅原淳一（二〇一九）「日本主導で『大阪トラック』開始：ＷＴＯ電子商取引交渉は前途多難」みずほインサイト二〇一九年七月二日（https://www.mizuho-ir.co.jp/publication/mhri/research/pdf/insight/pl190702.pdf）
関根豪政（二〇一二）「ＷＴＯセーフガード協定における『実質的に等価値』の譲許等の停止：対抗的な性質と同等性基準の意義」法学政治学論究九二号
関根豪政（二〇一九）「【ＷＴＯパネル・上級委員会報告書解説㉕】インドネシア―鶏肉及び鶏製品に関する措置（ＤＳ４８４）―ハラール要件と自由貿易の交差―」RIETI Policy Discussion Paper Series 19-P-011
中川淳司（二〇一九）「貿易自由化交渉のダイナミズム―多角的自由化、プルリ自由化と二国間・地域的自由化の相互作用」フィナンシャル・レビュー一四〇号中富道隆（二〇一四）「サービス交渉とプルリ合意―ＴＩＳＡとセクターアプローチ」RIETI Policy Discussion Paper Series 14-P-002
萩原英樹（二〇一九）「通商交渉の展開と展望―現場からの報告―」農業経済研究九〇巻四号
深作喜一郎（二〇一九）『超不確実性時代のＷＴＯ：ナショナリズムの台頭とＷＴＯの危機』勁草書房
股野元貞（二〇一六）「ＷＴＯ交渉機能の現状：現場からの視点」日本国際経済法学会年報二五号
水沼徹夫（二〇一七）「ＷＴＯ貿易円滑化協定の発効について」貿易と関税六五巻八号
山田修路（二〇一二）『ＷＴＯドーハ・ラウンド一〇年の軌跡』全国農業会議所
Boklan, Daria and Bahri, Amrita "The First WTO's Ruling on National Security Exception: Balancing Interests or Opening Pandora's Box?", *World Trade Review*, vol. 19.
Footer, Mary E. (2006) *An Institutional and Normative Analysis of the World Trade Organization*, Martinus Nijhoff Publishers.
Hannah, Erin et al. (2018) "The WTO in Buenos Aires: The Outcome and Its Significance for the Future of the Multilateral Trading System", *The World Economy*, vol. 41.
Leal Campos, Soledad et al. (2020) "Joint Statement on Micro, Small, and Medium-Sized Enterprises: History and Latest Developments in the Informal Working Group", International Institute for Sustainable Development (https://www.iisd.org/system/files/publications/micro-small-medium-sized-enterprises-en.pdf).
Melo, Jaime D. and Solleder, Jean-Marc (2018) "The EGA Negotiations: Why They are Important, Why They are Stalled, and Challenges Ahead" FERDI Working paper, no. 236.

Parizek, Michal (2019) *Negotiations in the World Trade Organization: Design and Performance*, Routledge.
WTO (2020) *Annual Report 2020* (https://www.wto.org/english/res_e/publications_e/anrep20_e.htm).

第2章

阿部克則・関根豪政（二〇一九）『国際貿易紛争処理の法的課題』信山社
荒木一郎（二〇一九）「WTOの停滞と日本の対応」国際問題六七八号
伊藤一頼（二〇一八）「WTO上級委員再任拒否問題を再考する―司法化の進展とその政治的統制の相克」日本国際経済法学会年報二七号
岩沢雄司（一九九五）『WTO（世界貿易機関）の紛争処理』三省堂
川瀬剛志（二〇二〇）「法律時評　岐路に立つWTO上級委員会と国際通商関係における「法の支配」」法律時報九二巻三号
小寺彰（二〇〇〇）『WTO体制の法構造』東京大学出版会
関根豪政（二〇一一）「WTO法における譲許等の停止と比例性原則―同等性と適当性の検討」慶應法学一九号
西脇修（二〇二〇）「WTO上級委員会問題について」国際商事法務四八巻一号
福永有夏（二〇一三）『国際経済協定の遵守確保と紛争処理：WTO紛争処理制度及び投資仲裁制度の意義と限界』有斐閣
宮岡邦生（二〇二〇）「WTO体制下での『法の支配』の復活は可能か：上級委員会危機の本質と打開策

に関する一考察」国際商事法務四八巻七号
Cossy, Mireille (2015) "From Theory to Practice: Drafting and Applying the Dispute Settlement Understanding", in G. Marceau ed., *A History of Law and Lawyers in the GATT/WTO: The Development of the Rule of Law in the Multilateral Trading System*, Cambridge University Press.
Ehlermann, C.-D. (2017) "The Workload of the WTO Appellate Body: Problems and Remedies" *Journal of International Economic Law*, vol. 20, iss. 3.
Lester, Simon (2020) "Can Interim Appeal Arbitration Preserve the WTO Dispute System?" *Free Trade Bulletin*, no. 77, CATO Institute.
Lo, Chang-fa et al. (2019) *The Appellate Body of the WTO and Its Reform*, Springer.
Steger, Debra P. (2002) "The Appellate Body and its Contribution to WTO Dispute Settlement", in D. L. M. Kennedy and J. D. Southwick, eds., *The Political Economy of International Trade Law: Essays in Honor of Robert E. Hudec*, Cambridge University Press.
USTR (2018) *2018 Trade Policy Agenda and 2017 Annual Report* (https://ustr.gov/sites/default/files/files/Press/Reports/2018/AR/2018%20Annual%20Report%20FINAL.PDF).
USTR (2020) *Report on the Appellate Body of the World Trade Organization* (https://ustr.gov/sites/default/files/Report_on_the_Appellate_Body_of_the_World_Trade_Organization.pdf).

第3章

岩沢雄司（二〇〇〇）「トルコの繊維・繊維製品輸入制限」ＷＴＯパネル・上級委員会報告書に関する調

査研究報告書(一九九九年度版)
石川幸一・馬田啓一・国際貿易投資研究会(二〇一五)『FTA戦略の潮流:課題と展望』文眞堂
石川幸一・馬田啓一・高橋俊樹(二〇一五)『メガFTA時代の新通商戦略:現状と課題』文眞堂
石川幸一・馬田啓一・渡邊頼純(二〇一六)『メガFTAと世界経済秩序:ポストTPPの課題』勁草書房
内多允(二〇〇一)「米州自由貿易地域は実現するか」ITI季報四四号
上野麻子(二〇〇七)「地域貿易協定による関税自由化の実態とGATT第24条の規律明確化に与える示唆」RIETI Discussion Paper Series 07-J-039
川瀬剛志(二〇〇七)「WTOと地域経済統合体の紛争解決手続の競合と調整—フォーラム選択条項の比較・検討を中心として—」RIETI Discussion Paper Series 07-J-050
関志雄(二〇二〇)「中国の譲歩で実現した米中第一段階経済・貿易協定—対米輸入の拡大だけでは貿易戦争は終わらない—」RIETI実事求是(https://www.rieti.go.jp/users/china-tr/jp/ssqs/200218ssqs.html)
ジェトロ(二〇一六)「「EU米国の包括的貿易投資協定(TTIP)」に関わる交渉進捗状況と交渉を取り巻く課題」(https://www.jetro.go.jp/ext_images/_Reports/01/723de77d2afdbf30/20160095.pdf)
滝井光夫(二〇一二)「米国のFTA戦略」山澤逸平ほか『通商政策の潮流と日本:FTA戦略とTPP』勁草書房
平見健太(二〇一九)「WTO紛争処理におけるFTAの位置」フィナンシャル・レビュー一四〇号
三船恵美(二〇〇一)「中国のWTO加盟と米中関係」国際関係学部紀要(中部大学国際関係学部)二六

Baldwin, Richard et al. (2009) "Beyond Tariffs: Multilateralising Non-Tariff RTA Commitments", in R. Baldwin and P. Low eds., *Multilateralizing regionalism: Challenges for the Global Trading System*, Cambridge University Press.

Bown, Chad P. (2021) "US-China Phase One Tracker: China's Purchases of US Goods" (https://www.piie.com/research/piie-charts/us-china-phase-one-tracker-chinas-purchases-us-goods).

EFTA (2006) "This is EFTA" (https://www.efta.int/sites/default/files/publications/this-is-efta/tie06.pdf).

European Commission (2016) "The Transatlantic Trade and Investment Partnership (TTIP) – State of Play" (http://trade.ec.europa.eu/doclib/docs/2016/april/tradoc_154477.pdf).

Fiorentino, Roberto V. et al. (2009) "The Landscape of Regional Trade Agreements and WTO Surveillance", in R. Baldwin and P. Low, *Multilateralizing regionalism: Challenges for the Global Trading System*, Cambridge University Press.

Gantz, David A. (2020) *An Introduction to the United States-Mexico-Canada Agreement: Understanding the New NAFTA*, Edward Elgar Publishing.

Mitchell, Andrew D. and Lockhart Nicolas J. S. (2015) "Legal Requirements for PTAs under the WTO", in S. Lester et al., *Bilateral and Regional Trade Agreements: Commentary and Analysis, 2nd Edition*, Cambridge University Press.

Pauwelyn, Joost (2016) "Interplay between the WTO Treaty and Other International Legal Instru-

ments and Tribunals: Evolution After 20 Years of WTO Jurisprudence", Proceedings of the Québec City Conference on the WTO at 20, held in September 2015.
Suominen, Kati (2019) "Regional Trade Agreements: Myths and Misconceptions", in R. E. Looney ed., *Handbook of International Trade Agreements: Country, Regional and Global Approaches*, Routledge.
Yukins, Christopher R. and Priess, Hans-Joachim (2014) "Breaking the Impasse in the Transatlantic Trade and Investment Partnership (TTIP) Negotiations: Rethinking Priorities in Procurement", *The Government Contractor*, vol. 56, no. 27.
WTO (2021) "Facts & Figures, Regional Trade Agreement, 1 July 2020 – 1 January 2021" (https://www.wto.org/english/tratop_e/region_e/rtafactfig_e.pdf).

第4章

秋山公平（二〇一九）「自由貿易体制と労働基準の確保（上）（下）」国際商事法務四七巻三号、四号
浅野卓（二〇一九）「地理的表示（GI）法と商標法の交錯―EU方式と米国方式の農業政策の対立および国際的潮流を踏まえて―」最先端技術関連法研究一八号
阿部克則（二〇一九）「データローカライゼーション措置と国際経済法上の規律：WTOとTPPにおける法的位置づけ」フィナンシャル・レビュー一四〇号
飯野文（二〇二〇）「日米貿易協定及び日米デジタル貿易協定の意義と課題：CPTPPとの比較及びWTO協定との整合性の観点を中心に」商学集志八九巻四号
池田良一（二〇一八―二〇一九）「日本・EU経済連携協定（EPA）の在欧日系企業への影響―施行

（発効）に向けての実務的対応と準備のために―（上）（下）」国際商事法務四六巻一二号、四七巻一号
伊藤一頼（二〇一七）「ＴＰＰと『労働者の権利』―通商協定の下で国際化される労働問題―」国際商事法務四五巻一号
馬田啓一・浦田秀次郎・木村福成（二〇一一）『日本通商政策論―自由貿易体制と日本の通商課題―』文眞堂
馬田啓一・浦田秀次郎・木村福成・渡邊頼純（二〇一九）『揺らぐ世界経済秩序と日本：反グローバリズムと保護主義の深層』文眞堂
外務省（二〇〇二）「日本のＦＴＡ戦略」(https://www.mofa.go.jp/mofaj/gaiko/fta/policy.html)
外務省（二〇一八）「環太平洋パートナーシップに関する包括的及び先進的な協定の説明書」(https://www.mofa.go.jp/mofaj/files/000351512.pdf)
外務省（二〇一九）「日本国とアメリカ合衆国との間の貿易協定の説明書」(https://www.mofa.go.jp/mofaj/ila/et/page23_002886_00001.html)
外務省（二〇二〇）「日英包括的経済連携協定（ＥＰＡ）に関するファクトシート」(https://www.mofa.go.jp/mofaj/files/100106606.pdf)
外務省（二〇二一）「日ＥＵ・ＥＰＡ概要」(https://www.mofa.go.jp/mofaj/files/000415752.pdf)
角田昌太郎「メガＦＴＡの動向」調査と情報―Issue Brief―一〇五七号
笠井清美（二〇一七）「日ＥＵ　ＥＰＡの意義―ＴＰＰと並ぶ次世代通称協定への期待―」貿易と関税六五巻一一号
笠井清美（二〇一九）「日ＥＵ　ＥＰＡの意義と残された課題―投資保護と仲裁制度―」貿易と関税六七

巻六号
上谷田卓（二〇一八）「日EU・EPAの特徴と課題」時の法令二〇五八号
上谷田卓（二〇二〇）「日米貿易協定及び日米デジタル貿易協定をめぐる国会論議―日米間に構築された新たな貿易ルールの特徴と今後の課題―」立法と調査四二三号
川島富士雄（二〇一六）「中国のTPP協定加入は可能か？―ルールの観点から―」国際商事法務四四巻四号
川瀬剛志（二〇一九）「日米貿易協定はWTO協定違反か？」RIETI Special Report, 二〇一九年一〇月一一日（https://www.rieti.go.jp/jp/special/special_report/108.html）
金ゼンマ（二〇一六）『日本の通商政策転換の政治経済学』有信堂高文社
久保廣正（二〇二〇）「日EU経済連携協定と国際貿易体制」摂南経済研究一〇巻一・二号
小林友彦（二〇一九）「『自国第一主義』と国際秩序：近年のアメリカの自由貿易協定の特徴」論究ジュリスト二〇一九年夏号
米谷三以・藤井康次郎・河合優子（二〇一六）「TPPと政府・企業法務：第9回　電子商取引」NBL第一〇八〇号
齋藤梓（二〇一九）「新NAFTA（USMCA）における紛争解決手続」MUFG BK Global Business Insight (https://www.bk.mufg.jp/report/insemeaa/BW20190830.pdf)
椎野幸平（二〇二〇）「中印関係悪化が暗雲をもたらすRCEP交渉」世界経済評論IMPACT二〇二〇年七月六日（http://www.world-economic-review.jp/impact/article1803.html）
ジェトロ（二〇一五）「EU韓国FTAの効果と今後の課題」（https://www.jetro.go.jp/ext_images/_Rep

orts/01/9f2db67ca7fda708/20150034.pdf)
ジェトロ（二〇二〇）「日ＥＵ・ＥＰＡ解説書：日ＥＵ・ＥＰＡの特恵関税の活用について（第三版）」(https://www.jetro.go.jp/ext_images/world/europe/eu/epa/pdf/euepa202003.pdf)
ジェトロ（二〇二〇）「日英ＥＰＡ解説書―日英ＥＰＡの特恵関税の活用について―」(https://www.jetro.go.jp/ext_images/world/europe/eu/epa/pdf/jpuk_epa.pdf)
庄司克宏・関根豪政「ＴＰＰ交渉と日ＥＵ間経済連携協定」ユーラシア研究所レポート (http://yuken-jp.com/report/eu/%E9%96%A2%E6%A0%B9%E8%B1%AA%E6%94%BF/)
須網隆夫（二〇一九）「投資仲裁と常設投資裁判所―投資紛争解決制度をめぐる分裂と統合」法律時報九一巻一〇号
菅原淳一（二〇一八）「ＴＰＰコンメンタール第一三回：第十四章　電子商取引」貿易と関税六六巻三号
菅原淳一（二〇一九）「日米貿易交渉は第２段階へ：今次合意は米の早期妥結要望に沿った『初期協定』」みずほインサイト二〇一九年九月三〇日 (https://www.mizuho-ir.co.jp/publication/mhri/research/pdf/insight/pl190930.pdf)
菅原淳一（二〇一九）「ＲＣＥＰは大きな岐路に：15ヵ国で大筋合意、インドは離脱に言及」みずほインサイト二〇一九年一一月一八日 (https://www.mizuho-ri.co.jp/publication/research/pdf/insight/pl191118.pdf)
関根豪政（二〇一七）「貿易協定を通じた国有企業規制―「商業的考慮」の概念の展開―」RIETI Discussion Paper Series 17-J-069
関根豪政（二〇一九）「自由貿易協定（ＦＴＡ）を通じた補助金規律の整備拡張の可能性」フィナンシャ

ル・レビュー一四〇号
高倉成男（二〇二〇）「地理的表示制度の運用の現状と課題」明治大学法科大学院論集二三号
田中信世（二〇一九）「ＥＵの対日経済関係と日ＥＵ・ＥＰＡ：期待される経済的インパクト」国際貿易と投資一一五号
津田英章（二〇一八）「日本の経済連携協定における電子商取引―ＴＰＰ協定の事例」二〇一八年度「法と経済学会」（http://www.jlea.jp/2018zy_zr/ZR18-08.pdf）
鶴岡路人（二〇二〇）「日英ＥＰＡ（経済連携協定）がもたらす新しい日英関係―Ｂｒｅｘｉｔカウントダウン番外編（３）」東京財団政策研究所論考（https://www.tkfd.or.jp/research/detail.php?id=3595）
東條吉純（二〇二〇）「越境データ移転規制に対するＷＴＯ／ＧＡＴＳの適用と限界」日本国際経済法学会年報二九号
内閣官房ＴＰＰ政府対策本部（二〇一五）「環太平洋パートナーシップ協定（ＴＰＰ協定）の概要」（http://www.cas.go.jp/jp/tpp/tppinfo/2015/pdf/151005_tpp_gaiyou_koushin.pdf）
内藤恵久（二〇一九）「地理的表示保護制度を巡る国内外の状況」フードシステム研究二六巻二号
中川淳司（二〇一九）「日米貿易交渉どうみるか（上）自由化約束、互角以上の成果」日本経済新聞二〇一九年一〇月二四日
中西優美子（二〇一九）「ＥＵとカナダ間の包括的経済貿易協定（ＣＥＴＡ）に規定される投資裁判所とＥＵ法との両立性」国際商事法務四七巻八号
日本国際問題研究所（二〇一七）『ポストＴＰＰにおけるアジア太平洋の経済秩序の新展開』（http://www2.jiia.or.jp/pdf/research/H28_Post-TPP/）

農林水産省（二〇一九）「日ＥＵ・ＥＰＡにおける地理的表示（ＧＩ）の取扱いについて」(https://www.maff.go.jp/j/shokusan/gi_act/outline/attach/pdf/index-208.pdf)
農林水産省（二〇一九）「農林水産品関連合意の概要」(https://www.maff.go.jp/j/kokusai/tag/attach/pdf/index-31.pdf)
長部重康編著（二〇一六）『日・ＥＵ経済連携協定が意味するものは何か：新たなメガＦＴＡへの挑戦と課題』ミネルヴァ書房
濱田太郎（二〇一九）「国際経済法における社会条項（労働条項）」平覚・梅田徹・濱田太郎編著『国際法のフロンティア宮崎繁樹先生追悼論文集』日本評論社
濵本正太郎（二〇一七、二〇一八）「常設投資裁判所構想について―ヨーロッパ連合による提案を中心に―（その1）～（その7）」ＪＣＡジャーナル六四巻八号～六五巻二号
福永有夏（二〇一八）「ＴＰＰコンメンタール第一八回：第十九章 労働」貿易と関税六六巻九号
藤村浩二（二〇一八）「日本における地理的表示（ＧＩ）保護の現在地」特技懇二八九号
緑川芳江（二〇一九）「ＣＰＴＰＰおよび日ＥＵＥＰＡの実務的影響：第2回 海外投資を守る投資協定と投資仲裁（ＩＳＤＳ）」Business Law Journal 一二巻七号
水野嘉那子（二〇一三）「『非関税措置』がＥＵ側の期待分野」ジェトロセンサー七五七号
柳田健介（二〇二〇）「インド太平洋の経済連携とＲＣＥＰ」国問研戦略コメント二〇二〇―一六(https://www.jiia.or.jp/strategic_comment/2020-16.html)
柳赫秀（二〇〇三）「ＷＴＯと『貿易と労働』問題―why, where, and how」小寺彰編著『転換期のＷＴＯ』東洋経済新報社

Alvarez, Contreras J. M. (2020) "The USMCA Revisited: The Beginning of the End for Investor-State Dispute Settlement (ISDS) Between Developed Countries … and Developing as Well? Transnational Dispute Management, vol. 17, iss. 3.

Burri, Mira and Polanco, Rodrigo (2020) "Digital Trade Provisions in Preferential Trade Agreements: Introducing a New Dataset", *Journal of International Economic Law*, vol. 23, no. 1.

Das, Sanchita B. and Kawai, Masahiro (2016) *Trade Regionalism in the Asia-Pacific: Developments and Future Challenges*, ISEAS Publishing

Chaisse, Julien et al. (2017) *Paradigm Shift in International Economic Law Rule-Making: TPP as a New Model for Trade Agreements?*, Springer.

Cimino-Isaacs, Cathleen and Schott, Jeffrey J. (2016) *Trans-Pacific Partnership: An Assessment*, Peterson Institute for International Economics

Cimino-Isaacs, Cathleen D. and Williams, Brock R. (2020) "U. S.-Japan Trade Agreement Negotiations" CRS Report 18 December, 2020.

Corning, Gregory P. (2019) "Japan's Approach to Preferential Trade Agreements" in R. E. Loony ed., *Handbook of International Trade Agreements: Country, Regional and Global Approaches*, Routledge.

Department for International Trade (2020) "The UK-Japan Comprehensive Economic Partnership: Benefits for the UK" (https://www.gov.uk/government/publications/the-uk-japan-comprehensive-economic-partnership-benefits-for-the-uk).

European Commission (2018) "Key Elements of the EU-Japan Economic Partnership Agreement" (https://ec.europa.eu/commission/presscorner/detail/en/MEMO_18_6784).

Hsieh, Pasha L. (2017) "The RCEP, New Asian Regionalism and the Global South", IILJ Working Paper 2017/4.

Kowalski, Przemyslaw et al. (2013) "State-Owned Enterprises: Trade Effects and Policy Implications", OECD Trade Policy Papers, no. 147.

Mukherjee, Deeparghya (2019) *Economic Integration in Asia: Key Prospects and Challenges with the Regional Comprehensive Economic Partnership*, Routledge.

Sekine, Takemasa (2019) "The US–Japan trade deal: small agreement, broad implications", East Asia Forum 19 November 2019 (https://www.eastasiaforum.org/2019/11/19/the-us-japan-trade-deal-small-agreement-broad-implications/)

Solís, Mireya (2021) "Is America back? The high politics of trade in the Indo-Pacific", Order from Chaos, Brookings (https://www.brookings.edu/blog/order-from-chaos/2021/01/04/is-america-back-the-high-politics-of-trade-in-the-indo-pacific/).

Wignaraja, Ganeshan (2019) "RCEP and Asian Economic Integration" in R. E. Loony ed., *Handbook of International Trade Agreements: Country, Regional and Global Approaches*, Routledge.

ちくま新書
1585

国際貿易法入門《こくさいぼうえきほうにゅうもん》
――WTOとFTAの共存《きょうぞん》へ

二〇二一年七月一〇日　第一刷発行

著　者　関根豪政（せきね・たけまさ）

発行者　喜入冬子

発行所　株式会社 筑摩書房
東京都台東区蔵前二―五―三　郵便番号一一一―八七五五
電話番号〇三―五六八七―二六〇一（代表）

装幀者　間村俊一

印刷・製本　株式会社 精興社

ISBN978-4-480-07414-0 C0232